德拉威尔引体向上训练全书

（全彩图解版）

[法] 弗雷德里克·德拉威尔（Frédéric Delavier）迈克尔·甘地（Michael Gundill） 著 申华明 译

人民邮电出版社

北京

练习 ·· 57

引体向上训练计划 ⋯⋯⋯⋯⋯⋯⋯⋯⋯ 109

引言：为什么要做引体向上

固定杠引体向上包括各种极限动作，它能够使用最少的器材，让尽可能多的肌肉的力量和耐力得到快速提升。引体向上拥有独一无二的特征，这也是众多体能测试选择它来衡量个人肌肉能力的原因。例如在美国海豹突击队或美国空军特种作战部队中，士兵必须能够连续做至少6个引体向上，理想情况下要能够连续做25个引体向上，才能达到这些精英部队的要求。

获得肌肉发达的体魄并非引体向上的唯一用途。它对游泳、登山、帆船、帆板等众多运动也大有裨益。在所有需要拉扯对手的体育项目中（柔道、巴西柔术、桑搏、橄榄球等），引体向上也非常重要。

成为引体向上冠军

如果你还无法抬起自己的身体，请放心，这在很大程度上是一个技巧问题，我们将在本书中讲授这些技巧。从这个层面来看，引体向上会让人联想到骑自行车。刚开始时，让两个轮子保持平衡似乎很难，甚至不可能，但是经过学习后，我们很快就意识到这其实很简单。掌握了基本技巧之后，做引体向上就轻而易举了。但通常我们想要更进一步，我们不仅想要做得好，还想成为最棒的冠军！

向大师学习

身体较轻的人做引体向上具有优势。但身为冠军的弗雷德里克·德拉威尔却超越了比他轻20千克或30千克的竞争对手。如果我们的身体较重，做引体向上自然会比较困难，因此必须进行训练。本书介绍的就是弗雷德里克的方法和技巧。

本书的教学

本书揭开了引体向上的秘密（第11页至第25页），逐步讲解了如何制订有效的训练计划（第26页至第31页），并介绍了新颖的锻炼技巧（第32页至第43页），让读者了解如何避免伤痛（第44页至第54页），传统的引体向上训练（第二部分）也会变得如同游戏一样。当你掌握了这些内容之后，才可以接触更加复杂的动作，例如双力臂或单臂引体向上（第84页和第82页）。为了助你一臂之力，本书也讲解了效果极佳的辅助练习（第90页至第107页）。最后（第三部分），本书介绍了根据自身的起始水平和目标所制订的个性化训练计划。

◀ 本书作者弗雷德里克·德拉威尔曾经多次获得引体向上大赛冠军，例如在2012年德国举行的健身健美展（FIBO）上，他负重10千克做了35个引体向上，成为负重引体向上比赛的优胜者。

开始锻炼前必须
了解的内容

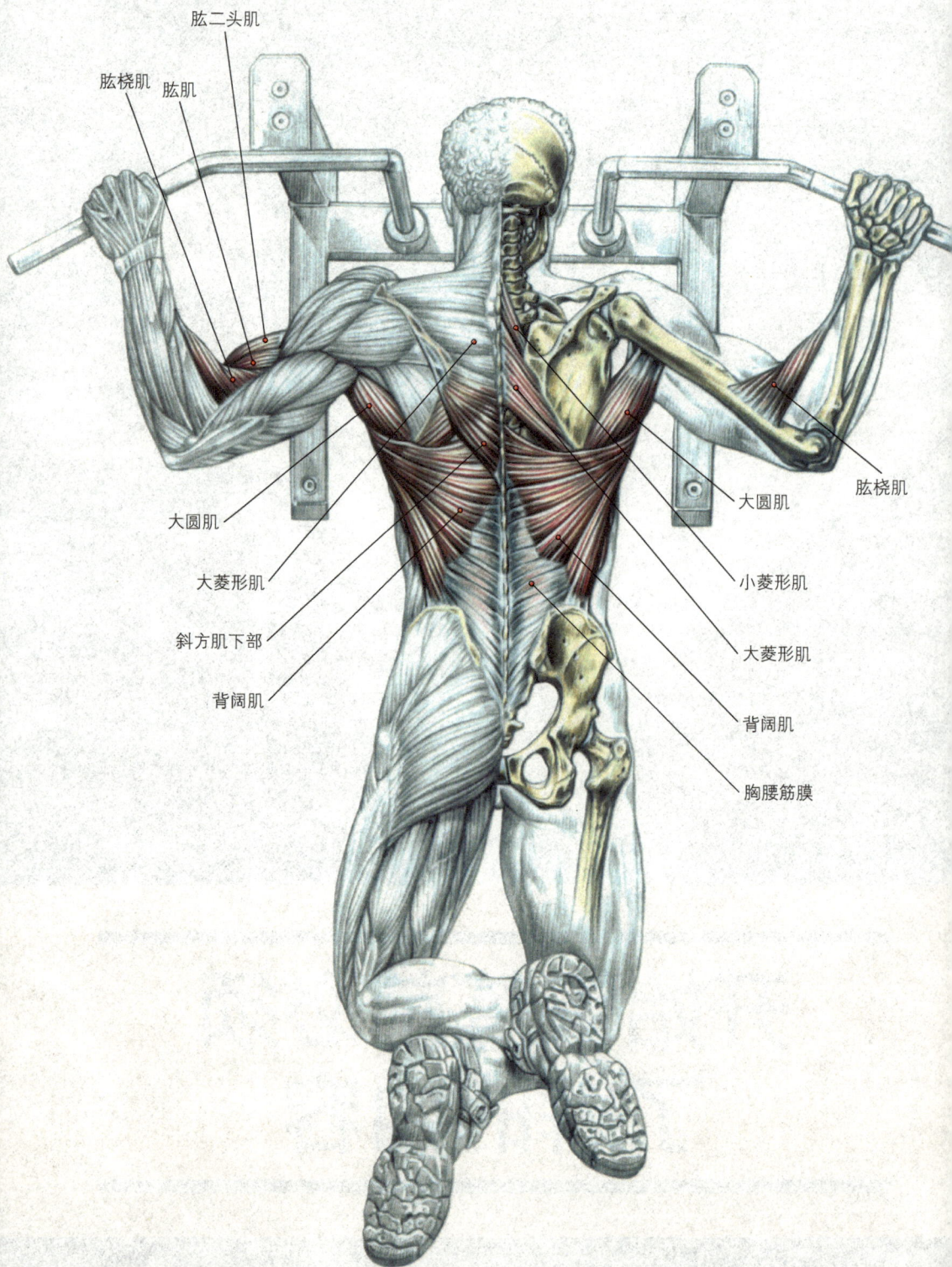

肱二头肌

肱桡肌　肱肌

大圆肌

大菱形肌

斜方肌下部

背阔肌

大圆肌

肱桡肌

小菱形肌

大菱形肌

背阔肌

胸腰筋膜

引体向上的
解剖形态学秘密

引体向上没有一个通用的定义，它就是紧紧抓住一根固定杠，向上提拉身体。引体向上的定义取决于固定杠和身体的位置关系。

我们可以从易到难确定出四大类引体向上。

✪ **第一种**：提拉身体至固定杠位于额头部位，能够碰触头顶。这是幅度最小，最容易做到的引体向上。

✪ **第二种**：提拉身体至固定杠位于眼睛部位，动作幅度加大，难度也随之增加。

✪ **第三种**：提拉身体至固定杠位于下巴部位，引体向上的英文表达chin up（下巴过横杠）就源于此。

✪ **第四种**：提拉身体至固定杠位于胸部，这种引体向上的运动幅度最大，也最难。

如果在初始阶段，你很难拉动自己的身体，就从第一种引体向上开始，随着训练的进行，慢慢增加训练难度。

如果你要进行正式比赛，必须事先研究规则，避免动作幅度太小（这会导致你被取消资格）或者过大（这会落后于对手），所以你要根据具体要求来进行调整，精确到厘米，这一点非常重要。

例如，在美国精英部队中，引体向上最开始的状态是悬挂在固定杠上，双臂完全伸直，双手正握（拇指相对），间距与肩同宽。哨响之后，身体上升，让

喉结到达固定杠位置。再次哨响，身体下降，双臂重新伸直。双腿不可以用力或晃动。

如果是朋友之间的比赛，必须明确所选择的幅度，以免事后争吵。我们建议从横杠位置给每位参赛者录影，保证其严格遵守幅度规定。

除了这4种引体向上之外，还有其他变型动作，例如颈后引体向上（固定杠要在头后方）。同样，为了避免比赛僵持不下，还有一些难度很大的变型动作，例如单臂引体向上或双力臂（参见第82页和第84页）。

▲▶ "推拉"比赛

不同类型的固定杠

固定杠的种类各异。我们将其归为3大类。

❶ 公园露天固定杠

这些固定杠通常比较坚固，直径超过平均水平，对身体上升的高度没有限制（尤其对双力臂而言）。这种固定杠的数量越来越多，而且皆为免费使用。你在自己家附近肯定能找到一根。不便之处在于你必须在露天状态下训练，受制于天气（下雨天固定杠太滑，使用起来太危险）。

❷ 健身房固定杠

这些固定杠使用的是专业材质，也较坚固。不过由于受到建筑物天花板的限制，你或许没有足够的高度来进行双力臂锻炼。它们通常被焊接在一起，直径较小，不同于比赛所用的固定杠。健身房的开放时间取代天气，成为新的制约条件。此外，如果只进行固定杠训练，花钱买健身房会员不太划算。但是你可以在健身房进行所有辅助动作的练习，这是快速提高的有利条件。

▼ 健身房的固定杠通常被焊接在一起

❸ 公寓固定杠

这种固定杠可以分为两类。

■ 固定单杠

这是一种固定在门上方的门框或走廊两堵墙之间的可拆卸的固定杠。使用之后，可以将其拆下，整理起来，不会占据空间。

这种固定杠有短的（小于1米），也有长的（大于120厘米）。如果可以的话，要选择最长的固定杠。你可以用它进行各种各样的引体向上训练。这种固定杠的优势在于随时可用、价格低廉、不受天气制约。但是它也有以下3种不便之处。

✪ **不够坚固：** 如果你体重较大，或者做尽可能多的引体向上时，双腿和上身需要晃动，那么通过螺丝简单固定的杠很可能会掉下来。对初学者而言，这种固定杠确实不错，但无法满足要求更高的运动者。除了在健身房或露天固定杠所做的练习之外，它也可以用来进行某些其他严格训练。

✪ **不够宽：** 你双手之间的幅度必然受到单杠长度的限制，这会减少你可练习的引体向上的种类。

✪ **不够高：** 这一不便之处与固定杠无关，而是与住所的天花板的高度有关。因此，如果天花板离地2.4米，你很难在不撞到头顶的情况下做双力臂（除非你身材比较矮）。下面这一种固定杠也受到

▶ 艾伦·普齐亚诺斯基，"推拉"冠军，"惩罚队"成员

这方面的影响。

■ 平行固定杠

这种固定杠的价格更高，占的空间更多，但它能够让你更好地训练，因为：

→ 除引体向上以外，它还可以锻炼胸肌和肱三头肌（这有助于强化参与双力臂杠上部分的肌肉）；

→ 它能够增加双手之间的幅度；

→ 它更加稳定、坚固。

但是除非这种杠采用专业材质制作，否则使用惯性挣扎做尽可能多的引体向上时，你仍然会面临身体摆动所带来的问题。为了解决这些问题，切割两块尺寸至少为5厘米x5厘米的木块，把它们垫在平行杠下面，与地面接触。把木块和平行杠捆紧，防止它们脱落。这样既可以加固器材，也可以限制有害的摆动。

引体向上锻炼哪些肌肉

引体向上是一种基本的肌肉锻炼方式，它调动的是两大关节（肩关节和肘关节）。引体向上几乎锻炼了上身的所有肌肉，但它主要针对的是背部肌肉、肱二头肌、肱肌、肱桡肌、部分肱三头肌以及前臂和胸肌。

背部肌肉

这些肌肉基本覆盖了整个背部。它们让上身呈倒三角形。在做引体向上时，被调动幅度最大的肌肉依次为：背阔肌、大圆肌、斜方肌的中部和下部以及菱形肌。

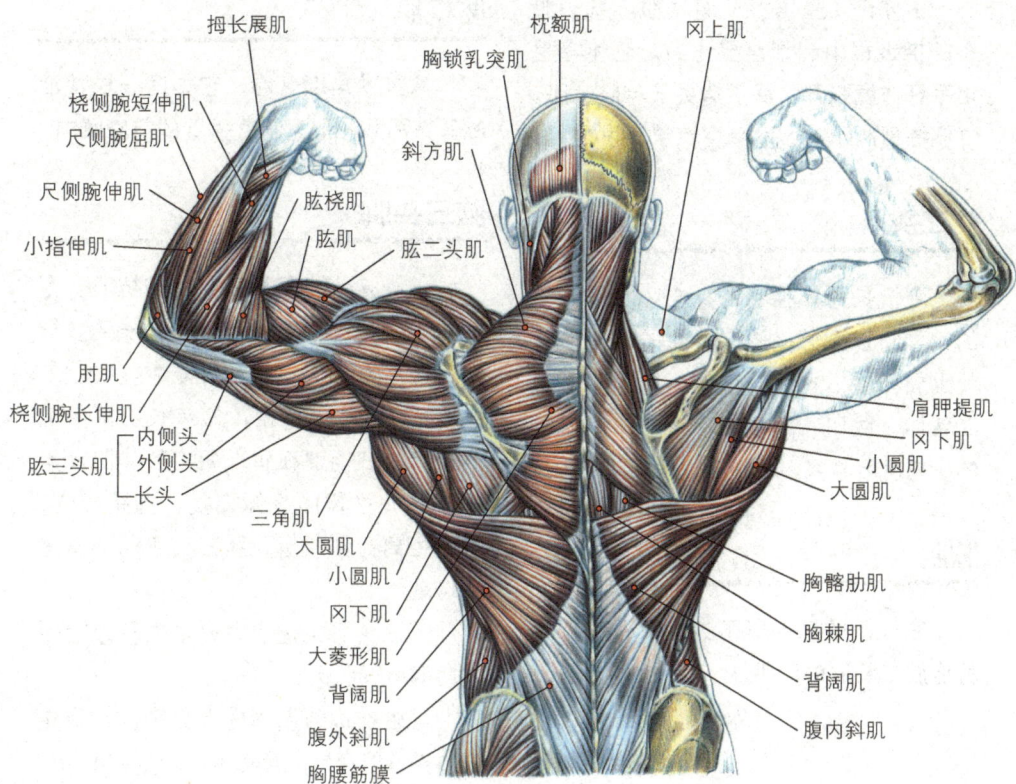

拇长展肌
枕额肌
冈上肌
桡侧腕短伸肌
尺侧腕屈肌
胸锁乳突肌
尺侧腕伸肌
斜方肌
小指伸肌
肱桡肌
肱肌
肱二头肌
肘肌
桡侧腕长伸肌
内侧头
外侧头
长头
肱三头肌
三角肌
大圆肌
小圆肌
冈下肌
大菱形肌
背阔肌
腹外斜肌
胸腰筋膜
肩胛提肌
冈下肌
小圆肌
大圆肌
胸髂肋肌
胸棘肌
背阔肌
腹内斜肌

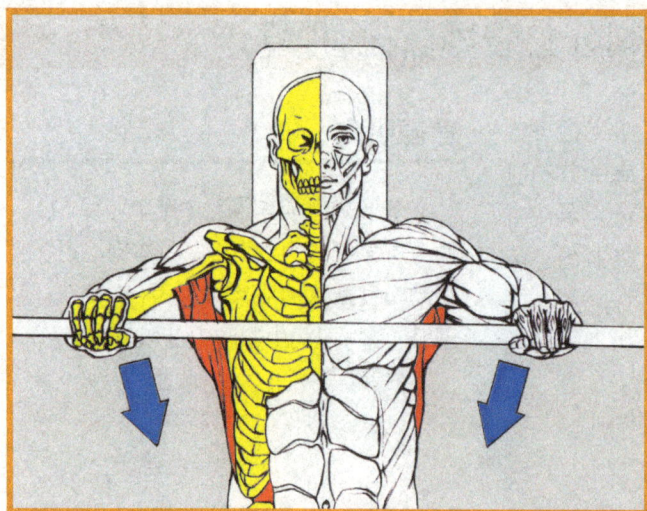

◀卧推过程中背阔肌的作用

引体向上能够强化背阔肌。背阔肌在卧推过程中起到重要作用，它能够阻止手臂过度张开，保护肩关节和胸大肌，降低撕裂风险，让推举更稳定、更有力。

肱二头肌

它们是身体强壮的标志。除去纯粹的美学特征之外，肱二头肌能够让前臂朝上臂折叠。握距越窄，小臂屈肌（肱二头肌、肱肌和肱桡肌）在引体向上中的参与度就越高。

肱肌

它位于肱二头肌下方，发挥作用时就像肱二头肌的助手。

肱桡肌

从技术角度来看，它如同一块帮助肱二头肌和肱肌来折叠手臂的前臂肌肉。

肱三头肌

它是肱二头肌和肱肌的拮抗肌。令人意想不到的是，肱三头肌的长头参与到了针对背部的所有锻炼之中。在肱三头肌的3个部分之中，只有长头是多关节肌肉。它能够在背部肌肉的协同作用下，帮助手臂向身体靠拢。握距越宽，肘部距离身体越远，肱三头肌的参与度就越高。

肱三头肌也是双力臂第二阶段动作成功的关键肌肉。

所以在进行引体向上之前，必须充分热身，以免产生疼痛感（参见第44页，"避免引体向上导致的病症"）。

肱三头肌，内侧头　　桡侧腕长伸肌　　指屈肌

肱二头肌　　　　　　　　　　　　　拇短伸肌

肱桡肌　　　　　　　　　　　　　　拇长伸肌

三角肌　　肱肌

尺侧腕屈肌

拇长屈肌

掌长肌

肱三头肌，长头　　　桡侧腕短伸肌

桡侧腕屈肌

前臂肌肉

　　它们可以让手指抓紧固定杠。它们的力量是引体向上的限制因素。如果手指屈肌无力，你会过早松开固定杠，导致你无法完成高质量的动作。在这种情况下，必须专门强化锻炼前臂（参见第90页，"引体向上进阶辅助练习"）。

胸大肌　　　　　　　胸大肌，锁骨部

喙肱肌

胸肌

　　虽然它们在引体向上中只起次要作用，但是依旧参与其中，尤其是内部外侧部分。它们的参与在很大程度上取决于你的动作技巧：

　　→ 肘部越靠前，胸大肌的参与度越高；

　　→ 肘部越靠后，胸大肌的拉伸度越高。

　　相反，在进行双力臂的杠上部分时，它们的力量至关重要。在任何情况下，都要进行胸肌热身，尤其是要拉伸这些肌肉时（参见第44页，"避免引体向上导致的病症"）。

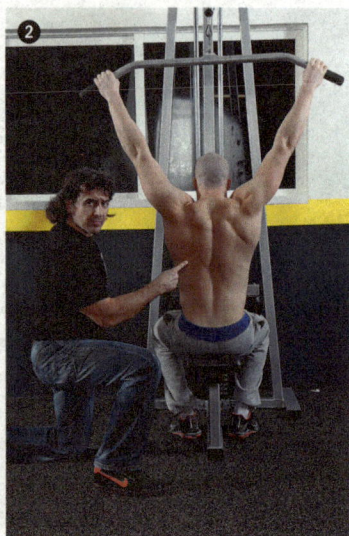

❶ 开始时最简单的窄握
❷ 一种有效的本体感受技巧：触碰正在发力的肌肉

许多肌肉共同用力，但协调性时常欠佳

理想状态应该是每块肌肉都尽量用力，让你做尽可能多的引体向上。不幸的是，对初学者而言，正确调动背部肌肉比较困难，但这些肌肉却是力量的重要来源。在初级阶段，我们通常用双臂来拉伸，而非以协调的方式使用所有肌肉。

这解释了为何通常窄握引体向上比宽握更容易，后者要求更多的背部肌肉的力量。窄握引体向上主要使用手臂，所以它更符合初学者的发力类型❶。

随着训练的深入，你可以逐渐掌握这种肌肉间的协调能力，进步也会突飞猛进。

努力使用背部肌肉，而非单纯的手臂进行拉伸可以让你更快掌握这种协调性。实现这一目标的简单方法就是通过本体感受进行定位。

触碰一块正在用力的肌肉能够增强感觉，改善肌肉与大脑的联系，加速对运动肌肉的了解。

如果有人和你一起锻炼，你可以让他轻轻触碰你的背部肌肉，从而更好地感受它们的运动过程❷。如果没有训练伙伴，你可以在进行一组引体向上之前，用5到10秒的时间轻轻掐一下你的背部肌肉。你会立刻发现感受到这些肌肉之后，调动它们就变得更容易了[1]。

---

1 摘自本杰明·J. 施耐德和詹姆斯·R. 里奇于2009年11月在《力量与训练研究》杂志上发表的《依据专业指导所进行的胸前下拉过程中背阔肌活动的自发增强》一文。

引体向上的解剖形态学

在评估针对引体向上的遗传倾向特征之前，必须掌握一些解剖形态学概念。其目的在于更好地了解自己在引体向上方面的天生弱点和强项，从而了解让什么部位先接受强化训练，使用什么策略和变型动作才能优化效能。在比赛中，这些基础知识也可以帮助你更好地评估对手。

有利于引体向上的骨骼形态

✪ 前臂越短，身体必须上升的高度越小。

✪ 锁骨越窄，肩胛骨的活动越少，这会减少斜方肌下部的参与，从而节省力气。

✪ 双腿越短，产生的负重越小。

✪ 手指越长、顶端越弯曲，灵活性越差，越容易形成天然挂钩。

不同的肩胛骨类型

肩胛骨的大小因人而异。肩胛骨的体积越小，大圆肌的附着面积就越小，肌肉的力量也有可能更弱，这会限制引体向上的效果。

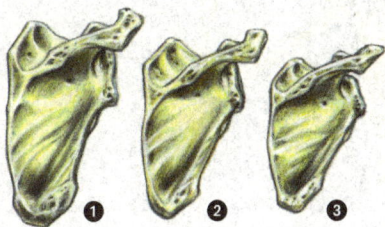

❶北欧型
❷地中海型
❸南亚型

肩胛骨大小和引体向上效果之间的关系

肩胛骨越大，大圆肌的附着面积越大，因而可以变得更加有力。这种肩胛骨可以让人更加强壮，提升引体向上的效果。

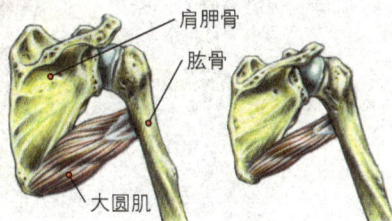

肩胛骨
肱骨
大圆肌

结论：大尺寸的肩胛骨和大体积的大圆肌构成了完美形态，我们在引体向上冠军身上常常可以发现这一点。

引体向上的幅度和肩胛骨的位置

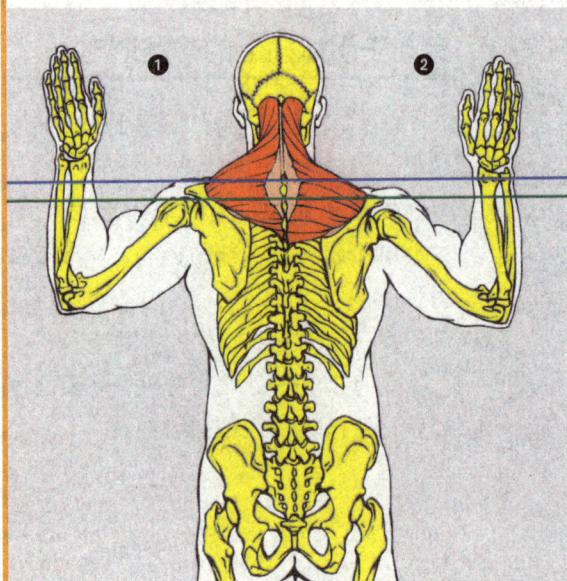

对于同等长度的脊柱：

→ 肩胛骨的位置越高（颈部仿佛不存在），头部超过固定杠就越难；

→ 肩胛骨的位置越低（颈部显得比较长），下巴超过固定杠就越简单（身体继续抬升就更困难）。

❶ 斜方肌较短，肩胛骨位置较高

❷ 斜方肌较长，肩胛骨位置较低

限制提拉幅度（下巴超过固定杠）的两个主要因素

→ 斜方肌下部和菱形肌的力量不够，妨碍了肩胛骨内部的完整摆动，限制了身体的上升。

→ 肩部骨骼较窄：锁骨不够宽与背部肌肉内侧过度发达导致后背中部肌肉彼此挤压，限制了身体的上升。

❶ 斜方肌的下部和中部

❷ 菱形肌

❸ 肩胛骨

不利于引体向上的骨骼形态

✪ 前臂越长，动作幅度会越大。这不会增加动作开始的难度，但会导致无法完成身体提拉。

✪ 锁骨越宽，肩胛骨的移动幅度有可能越大。这会把斜方肌和菱形肌牵涉进来，消耗体力。

✪ 双腿越长，身体就会增加无用的重量。

✪ 手指越短、越灵活，抓住固定杠的难度就越大。

手臂/前臂的比例对下巴超过固定杠的影响

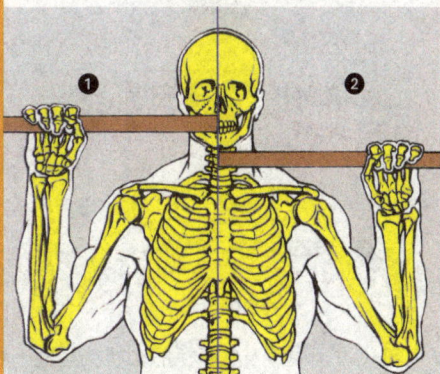

❶ 前臂较长，肱骨较短
❷ 前臂较短，肱骨较长

抓握固定杠能力的不平等

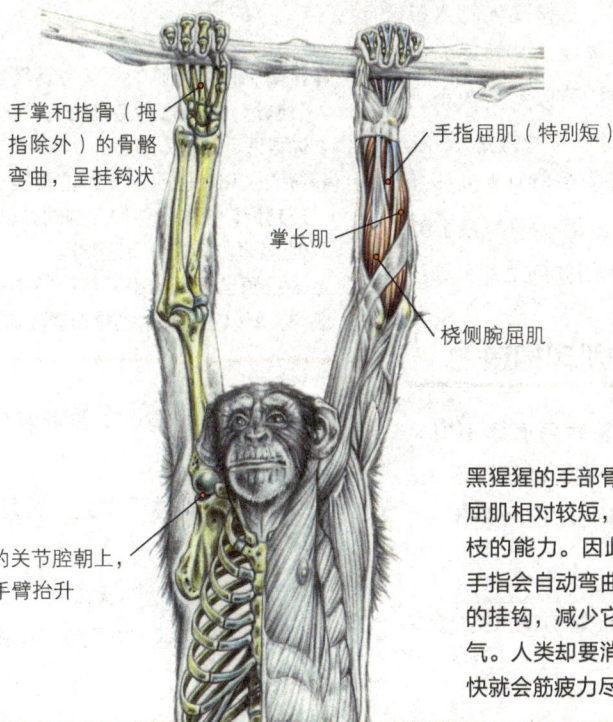

手掌和指骨（拇指除外）的骨骼弯曲，呈挂钩状

手指屈肌（特别短）

掌长肌

桡侧腕屈肌

肩胛骨的关节腔朝上，有利于手臂抬升

黑猩猩的手部骨骼的顶端弯曲，手指屈肌相对较短，这能够增加它抓握树枝的能力。因此，当它把手伸直时，手指会自动弯曲，让手成为一个天然的挂钩，减少它待在树上时消耗的力气。人类却要消耗大量体力，肌肉很快就会筋疲力尽。

人类指骨

南方古猿指骨

黑猩猩指骨

在进化过程中，人类手指的钩状结构逐渐消失，这导致人类不适合攀爬树木和保持悬挂状态。

■ 结论

身材越矮小的人做引体向上就越容易。即便是同样的体重，身材高大的人也会更加困难，因为他的身体抬升轨迹要比身材矮小的人更长。我们可以利用数学公式，根据身材来评估每个人的锻炼效果。因此，我们可以计算出身高1.68米的运动员所做的20个引体向上相当于身高1.93米的运动员所做的17个引体向上[2]。

有利于引体向上的肌肉构造

✪ 背阔肌附着位置距离肩膀（肩关节）越远，力量越强，但运动速度越慢。对于没有时间限制的引体向上比赛而言，这种结构是一种优势。

2 摘自R. J. 赛克拉克于2008年3月在《运动医学与健身》杂志上发表的《引体向上力量测量：身材是否重要？》一文。

背部肌肉附着和
引体向上效果之间的关系

较长的背肌

❶ 背阔肌和大圆肌的附着位置距离肩关节越远，背部肌肉就越长。这也会让你更适合做引体向上。

❷ 背阔肌和大圆肌的附着位置距离肩关节越近，每次引体向上的动作就越快，但连续做多次就比较困难。

背阔肌源自于专门用来在树林中移动的肌肉，所以它们影响的是力量而非速度。

✪ 背阔肌越是向下靠近髋部，其力量越强。

✪ 腿部肌肉越不发达，重量就越轻，不利影响越小。

✪ 手指屈肌越结实（这一方面可以进行锻炼，参见第100页），抓握固定杠就越容易。

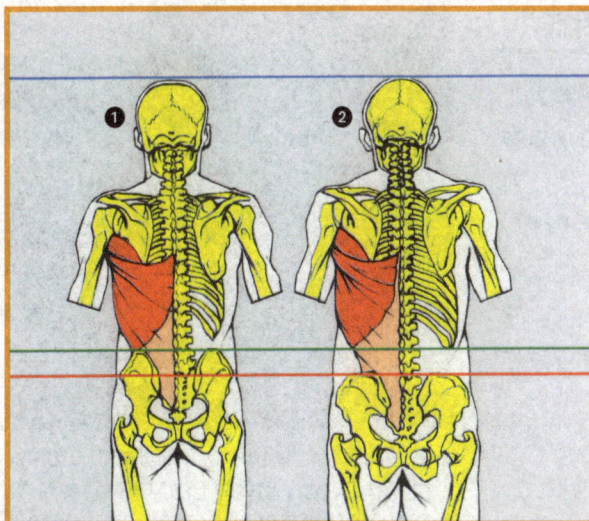

在同等长度的情况下，背部肌肉根据上身长度不同也会看起来长短不一。
❶ 较短的上身（撒哈拉沙漠以南非洲地区类型）
❷ 较长的上身（北欧类型）

不利于引体向上的肌肉构造

✪ 背阔肌附着位置越靠近肩膀，力量越弱，但运动速度更快。只有在限时1分钟或3分钟的引体向上比赛中，这种肌肉附着构造才算是一种优势。

✪ 背阔肌的下缘位置越高，力量越弱。

✪ 腿部肌肉越发达，带来的重量负担就越大。

进化

我们的表亲大猩猩保留了祖先的某些身体特征，这正是人类在彻底直立行走的演变过程中所失去的。直立行走让人类无法长时间用手指保持悬挂状态。作为补偿，前臂肌肉获得了更大的运动幅度，也让其变得更加灵活。大猩猩的腿又短又轻，背部肌肉体积较大而且下缘位置很低，手指弯曲并且呈钩状，它拥有了完美的引体向上运动员的身材。

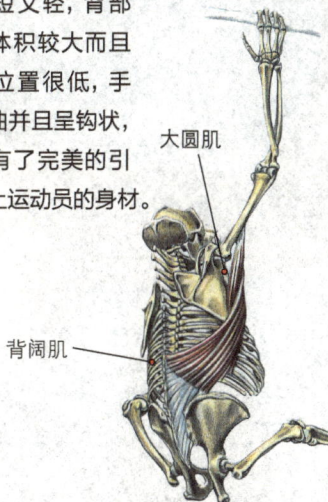

大圆肌

背阔肌

其他影响引体向上效果的因素

体脂含量很低的运动员比肥胖人士更有优势，因为他们需要抬起的重量更小。数据分析表明增加10%的脂肪（对于70千克的人而言是7千克脂肪）会导致引体向上的效果减少一半。当你大快朵颐时，脑子里也要记住这个数字。它能够解释为何体重增加几千克会导致你能够做的引体向上的数量猛跌[3]。

▲ 基佐·博马耶，110千克，"重量猎人"和"推拉"冠军。对于引体向上的纪录保持者而言，最理想的体重在80到90千克之间。良好的力量与耐力要求一定的肌肉重量，但又不能因为过重而成为选手的累赘，降低其耐力。对于双力臂和自由动作而言，更轻一些的体重更有优势，因为超重会降低选手的灵活性和技巧性

3 摘自保罗·M. 范德伯格和提摩西·艾德蒙于1997年11月在《力量与训练研究》杂志上发表的《超重实验性变化对健壮年轻人引体向上的影响效果》一文。

▼ 引体向上的效果不仅仅取决于良好的肌肉发育状况，也受制于其他因素，尤其是身体的解剖形态构造

大猩猩和人类之间的形态差别

肩关节的方向朝上，肩峰覆盖面小，有利于增加手臂的环形运动，提高抓握更宽阔区域的可能性，这对在丛林中移动至关重要

极为发达的肱三头肌长头有利于在移动时，调动背部肌肉的协同参与

极为宽大的斜方肌下部能够向下牵拉肩胛骨、手臂和身体重心，有利于在不同树木之间移动

三角肌后束非常粗大并且方向朝下，这使它与背阔肌和大圆肌的配合更加高效，在树木之间移动时，它们可以向下牵拉身体

背阔肌在肱骨上的附着更远，这可以增强拉力

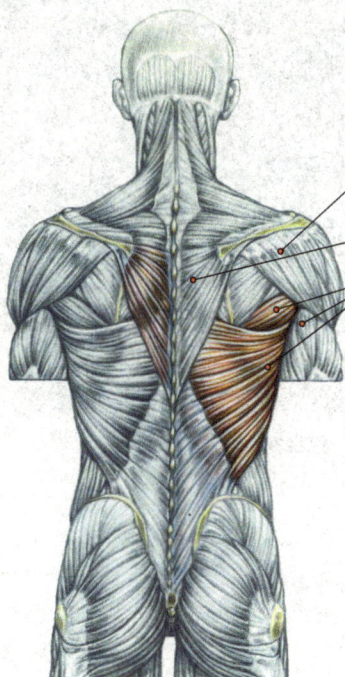

粗大的大圆肌

三角肌后束面积小并且方向朝上，只能在引体向上的最后几厘米发力

斜方肌下部极不明显

肱三头肌、大圆肌和背阔肌不够发达，在肩关节上的附着距离更近，这在减少了力量的同时，提高了速度（手臂成为了高效的投掷工具，但在树木之间移动所需的力量却减小了）

结论：大猩猩所做的牵拉动作所依靠的更多是背部（肌肉面积更大，更有力，不容易扭伤），而非手臂。大猩猩在林间行动和地面四肢行走时都会使用它们的背部和胸部肌肉。成年人类行走时完全依赖下肢（彻底的双足行走）。他们在移动时很少用到上肢，上肢被用来从事更加精细的、无需太多肌肉力量的活动（投掷、抓取、交流）。

如何制订个性化的引体向上训练计划

制订引体向上训练计划的10个步骤

制订你的引体向上训练计划要求具有简单而严密的技巧基础。制订一项有效的、个性化的训练计划有10个重要步骤。逐个击破之后，你就可以回答与制订训练计划有关的一切问题。

① 确定目标

制订一项训练计划的第一个步骤是认真确定自己的主要目标。你想做引体向上是为了：

→ 成为最棒的引体向上达人；

→ 打造出健美的体魄；

→ 最大限度地锻炼肌肉。

当然了，目标并非只能有一个，这些动机常常是混杂在一起的。不过，如果你无法明确自己的首要目标，那么制订最优计划就会非常困难。

然后，必须量化自己的目标。例如"我想在两周之后多做5个引体向上"。你所设定的期限和进步的幅度必须符合实际情况。如果能够准确量化自己的目标，确定好定期跨越的阶段，你可以轻而易

举地了解自己的进步状况。每一个成功跨越的阶段都是继续进行锻炼的动力。

本书第三部分提供了一些典型的训练计划。它们可以作为基础计划。你可以根据我们现在要阐述的各种指标和自己实际情况来进行更改。

▲"推拉"冠军赛

❷ 每周做几次引体向上训练

你的时间安排无法始终与最理想的计划保持一致。但是要知道，哪怕一周只能训练一次也好过不训练。只要训练就总是会有进步的。

开始时，每周训练两次是理想的最低限度。随后可以慢慢增加至每周3次引体向上训练。不过我们建议每周不要超过5次。始终牢记，相比于"训练不足"，训练过度更不利于进步。只有一些经验丰富的专业运动员才能从每天的体能训练中受益。

❸ 如何随着时间来改变计划

刚开始时，每周两次，持续几周之后，如果你感觉自己准备好了，可以过渡到每周3次。这是理想情况。定期训练3个月之后，就可以考虑每周训练4次了。

❹ 如何选择训练日期

训练日和休息日必须交替进行。但这可能不符合你的时间安排。在这种情况下，尽量在理想情况和可能情况之间做出选择。

训练安排如下。

✪ **每周一次训练：** 你可以随意选择训练日期。

✪ **每周两次训练：** 理性情况下，训练日之间应该有最大间隔，例如周一和周四或周二和周五等。无论是什么情况，两次训练之间至少要有一天休息。

✪ **每周三次训练：** 理想的安排是训练日和休息日交替进行。例如周一、周三、周五训练。如此一来，周末可以完全自由支配。

✪ **每周四次训练：** 在这种情况下，休息日更少，必然会有两次训练是紧接着的，除非你以8天为一个周期来分配这4次训练，这样每次训练之后可以有一天休息。训练频率稍低一些，身体恢复情况会更好。这种安排的不便之处在于，这样的训练计划中训练日会每周发生变化。

⚠ 注意!

一周做几次引体向上决定了每两次训练之间的休息天数。实际上，肌肉的强化发生在训练之间的休息阶段，而不是训练过程之中。所以懂得如何休息和懂得如何训练同样重要。

如果在下一次训练开始前你的身体没有恢复力气，那就要谨慎对待了，要给肌肉更多的恢复时间，因为没有进步和休息不足是同义词。

■ 比赛之前的临阵磨枪

比赛前一周的训练至关重要。为了在比赛当天充分发挥潜能，前几天的训练强度不要太大，不要让自己筋疲力尽。

临时抱佛脚性质的训练不会给你带来什么进步。你需要做的恰恰是好好休息，不要用力过猛。这就是我们所说的"临阵磨枪"。比赛前三天要充分休息。

最后一次训练应当比较简单，你的注意力应当放在技巧方面。这可以让你避免过度训练所起到的反效果，某些人就认为最大限度猛练到最后一分钟是非常有益的，其实不然。

5 每次做多少组引体向上

组数是衡量进度的一个重要因素。如果你：

→ 做的组数太少，肌肉无法被刺激到最大限度，也就无法快速提升；

→ 做的组数过多，肌肉被过度锻炼，会妨碍练习进度。

每次训练应当做的组数取决于你的水平。

✪ **刚开始：** 不要超过5组。

✪ **训练一个月后：** 7~8组。

✪ **训练两个月后：** 9~12组（包括辅助练习）。

✪ **训练三个月后：** 15组（包括辅助练习）。

三个月之后，你就可以根据你的目标、恢复能力来固定练习组数。

备注： 在每次开始引体向上训练之前，应当至少做一到两组练习，无须耗费过多力气，以此作为热身（参见第44页，"避免引体向上导致的病症"）。这些热身练习不要太过激烈，上文提到的练习组数不将其包括在内。

⚠️ **注意！**

我们的目标不是降低训练难度来拼数量。每一组的难度都要适中，哪怕总计数量比较少也没关系。如果你可以毫不费力地超过最大数量限制，这说明你还不具备良好的能力，无法在每组练习中超越自己。这种能力是随着训练的推进而获得的。

6 灵活性和适应性

如果你感觉自己准备好了，可以根据具体情况增加一组。一定要让你的体力决定你应该做多少组练习。最明显的标志就是你的体力耗损变得反常。突然丧失力气表明你可能训练过度，那么下次练习时你就知道这一点。很明显，你能实现的练习组数会产生变化，精力充沛时，你可以试着增加数量；当你感到疲惫时，减少数量，防止自己筋疲力尽。

7 每组引体向上要做几个

最好根据你的目标来调整数量。

■ **目标：成为最棒的引体向上达人**

很明显，每组的练习数量都要达到极限。在完成既定的数量之前不要停止，只要自己还能做，就继续！

■ **目标：打造出健美的体魄**

每组15到20个引体向上可以锻炼肌肉。如果在一定的重量条件下，你可以做21个，那就不要有任何犹豫！但是在接下来的每组练习中，要提高耐力。

如果在初期你没法做这么多个引体向上，可以减小运动幅度，或者借助双脚的推力（参见第32页，"引体向上的进阶技巧"）。

■ **目标：最大限度地锻炼肌肉**

每组8到12个引体向上能让肌肉生长达到最优状态。开始练习时，第一组的目标定为12个，然后减少每组数量，提高自己的耐力，让练习数量逐渐稳定在8个。

❽ 用什么样的速度来练习

一个引体向上分为两个阶段。

→ **正向阶段：** 借助肌肉力量向上抬升。

→ **负向阶段：** 借助肌肉力量减缓身体下降速度。

很明显，做引体向上的速度会影响训练效果和进度。如果以爆发性（尽可能快）的方式来锻炼：

→ 引体向上的数量比在受控制的节奏下（2秒上升，2秒下降）多25%；

→ 引体向上的数量比在严格受控的节奏下（2秒上升，4秒下降）增加一倍。

所以，我们可以看到动作越严格，效率越低。爆发式是一种节约肌肉力量的方法。它能够让你的引体向上的数量尽可能多，让运动表现最优化，同时节省肌肉力量。爆发式能够让你赢得比赛，但不利于肌肉生长[4]。

因此，目的不同做法不同。

✪ **成为最棒的引体向上达人：** 很明显，最好采用爆发式的方法，获得最佳的运动表现。

✪ **打造出健美的体魄：** 我们要把爆发式的最大训练速度降低三分之一。目的是让动作更加严格一些，同时借助速度产生的一定的惯性，让肌肉得到更多锻炼。但是在每组练习的最后，要尽量加快训练节奏，提高自己的耐力。

✪ **最大限度地锻炼肌肉：** 为了锻炼出健美的身体，必须借助肌肉的力量抬升身体，而非爆发力产生的惯性。

→ 用1到2秒的时间让身体朝固定杠抬升；

→ 通过背部和手臂肌肉，让身体保持收缩姿态1秒钟；

→ 用1到2秒的时间让身体下降。

---

4 摘自彼得·F.拉钱斯和提博·霍多巴格伊于1997年5月在《力量与训练研究》杂志上发表的《引体向上和引体向上练习中节奏对肌肉表现的影响》一文。

→ 因此，一个引体向上的时间应为3到5秒。即便你可以用更快的速度做更多引体向上，你依靠的惯性要大于肌肉力量。

❾ 两组之间休息多久

根据你的目标的不同，两组之间的休息时间从十几秒到两分钟均可。

→ 如果想提高耐力，就少休息；

→ 负重训练或双力臂这种高阶练习需要更多休息时间；

→ 随着组数的增加，休息时间要延长，减轻疲劳感。

→ 你的水平越高，每组之间的休息时间应该越长。

> ⚠ **注意！**
>
> 如果在训练过程中，你感到体力消耗异常：
> －要么是你训练过度（参见上文），
> －要么是休息时间有点短。
> 对于第二种情况，试着略微延长休息时间，看问题是否得以解决。如果情况依旧，那么休息时间就不是运动表现下降的原因，真正的原因是你训练过度了。

休息时间的长度可以根据你的具体目标来调整。

■ **目标：成为最棒的引体向上达人**

每组之间的休息要相对短暂，不要超过1分钟，甚至少于1分钟，从而提高耐力，尽可能增加引体向上数量。随着训练的进行，保持（甚至增加）训练数量的同时逐渐减少休息时间是一个好方法。

▲ 根据你的水平调整休息时间

■ **目标：打造出健美的体魄**

节奏要快速转变，两组之间的休息时间为45秒到1分钟。

■ **目标：最大限度地锻炼肌肉**

为了促进肌肉生长，无须过度限制休息时间长度。必须让肌肉有足够的时间来恢复力量，从而承受尽可能多的负荷。让一块没有休息充分的肌肉进行重量训练无法让它变得强壮。1分钟到1分半的休息时间是一个良好的平均长度。相反，两组之间的休息时间不能超过2分钟，除非你的运动水平达到了很高的程度。

❿ 一次训练应持续多长时间

一次充分的训练的目的是在尽可能短的时间内，做尽可能多的引体向上。

决定训练时长的首要标准是你的自由度。如果你没有很多时间，通过减少休息次数，你可以在不到10分钟的时间内做多组引体向上。

对于初学者和中等水平运动员而言，我们不建议训练时间超过20分钟。如果时间过长，说明：

→ 你训练过度；

→ 并且/或者你两组之间的休息时间过长。

对训练进行分析

每次训练之后，你需要对你的运动表现进行分析，提出以下问题。

✪ 哪方面进行得顺利？

✪ 哪方面进行得不顺利？

✪ 为何不顺利？

✪ 如何改进？

下一次训练的目标应当是增加每组引体向上的数量。

如果你所做的引体向上数量定期增加，说明一切顺利。如果增加速度变慢，那么每次训练之间的休息时间应当增加。如果运动表现不断下降，那么必须减少组数，增加休息天数。

引体向上的进阶技巧

如果什么都不做，你在引体向上方面就不会有改善。想要尽快提高运动表现，必须通过引体向上进行锻炼。例如在新兵群体中，针对引体向上的特殊训练能够在12周的时间内让士兵多做7个，与此同时，针对跑步的训练只能让士兵多做3个引体向上。跑步只能通过减脂的方式间接提高引体向上成绩[5]。

无论你的引体向上水平如何，总有一些训练技巧能够让你快速提高。针对每个人的技巧都各不相同，应当根据自己的进度和目标来进行调整。

初阶技巧

不是所有人都能做引体向上，有人甚至一个都做不到。在这种情况下，有三种策略能够帮助你进行锻炼，并取得进步。

强迫次数训练法

你不需要克服整个身体的重量，双脚可以踩地或踩着一个凳子或一把椅子，以减轻负重。双脚的蹬力越大，引体向上就越简单。这种策略的目的当然是为了减轻负重，但随着训练的进行，这种方式要越来越少。这种技巧有两个目标：

→ 在锻炼肌肉的过程中增强肌肉力量；

→ 让肌肉通过更加高效的协同方式来共同发力。

这种减轻负重的方式可以让你在几次锻炼之后就可以实现零的突破，做一到两个引体向上。

▲ 以双脚为支撑的引体向上，可以减轻负重

5 摘自 J. S. 卡迪于2011年在《力量与训练研究》杂志上发表的《与军队体能测试成功有关的可训练性和可预测性因素》一文。

▲▶ 固定在横杠上的弹力带也能够减轻负重

■ 一种不应当放弃的技巧

当你有能力独自抬升身体时，对这种减重策略的依赖度就会降低。但是，这种方法始终能够帮助你突破新的极限。例如，如果你可以做5个引体向上，第6个怎么都做不到时，可以使用这种减重方法来做第6个引体向上。如此以来，你的肌肉要比做第5个引体向上时更加用力，受到的锻炼程度也更高。经过一到两次强迫次数训练之后，你可以在无须减重的条件下做6个引体向上。

负向训练法

如果做引体向上时，你无法将身体向上抬升，你可以把重点放在动作的下降阶段。这种方法的目的是阻碍身体的下降，让下降的速度尽可能慢。

这种"负向"或"离心式"训练法能够强化肌肉。这种负向用力很快就能转变为正向阶段的力量，让你实现零的突破，做更多的引体向上。

进行负向训练时，你可以借用一个凳子或一把椅子，让自己上升到比较高的位置。依靠身体自重来做下降动作即可。这种方法和强迫次数训练法的不同之处在于，你不需要为了动作的上升阶段而部分减重。上升阶段完全通过双腿进行，下降时依靠的是整个身体的重量。

▲ 一起锻炼的同伙能帮助你减轻负重，或增加负重

如果下降的速度太快，而且你感觉自己无法控制，可以把负向练习和强迫次数练习结合起来，也就是说把一只脚放在地上或凳子上，减轻身体的负重。这样下降速度会更慢，肌肉有更多的时间得到锻炼。

■ 一种循序渐进的方法

通过循序渐进的方式，负向训练法还可以帮助你进阶到更高水平。一组练习结束后，不要因为身体没有力气而停止，你的双脚可以用凳子或椅子作为支撑，让身体上升，然后做负向练习。作为收尾的负向练习可以打破肌肉的常规锻炼方式，强迫它用力，增加它的力量和耐力，为以后的训练做准备。

部分动作训练法

大家都想要做出完整的引体向上，也就是从低处开始，把身体抬升到高处。但是当你没法抬升身体时，这种想法就是错的。

你的身体会停留在低处，只能上升几厘米。在一次又一次的练习过程中，你的身体左右摆动，前后晃动，没有任何进步，心情郁闷，感觉一切都是徒劳。

在这种情况下：

→ 不要试图练习完整的引体向上，而是要通过部分动作进行锻炼；

→ 不要从低处向上提拉，而是从高处开始。

双脚踩着地面或用凳子和椅子作为支撑，让身体上升到尽可能高的地方。一旦到达引体向上的高位，你的肌肉更能够紧张地收缩，你会感觉到它立刻就能开始发力。然而在低处时，肌肉处于延伸状态，你甚至感觉不到它在用力，仿佛因为重量而瘫痪了一样。

理想的运动状态是窄握反手（小指相对，参见第59页，"引体向上初阶练习"）。当颈部靠近固定杠时，下降1到2厘米，然后再次抬升（几乎等距的练习）。即便你做不到，至少在初期阶段，身体也不要下降。将这个姿态尽量保持较长时间，不要动，在引体向上的高位，所有肌肉处于收缩状态（等距练习）。

当你的力量恢复之后，慢慢下降，然后再次抬升。

▲ 以部分动作练习作为开始

▶ 随着力量的增加，你可以逐渐增加引体向上的幅度

这种练习的目的是让身体尽可能处于紧张状态，直到在重力的作用下，你无法上升，不得不彻底伸直手臂。

每次锻炼之后，你的力量都会增加，信心会增强，身体会更自如。很快你就有可能做一个完整的引体向上，这在不久之前还是不可能的事情。

随着训练的深入，部分动作练习始终有用，但目标已经转变为提高耐力。因此，哪怕你已经具备较高水平，所做的部分动作练习的数量也要超过完整的引体向上。在延长每组练习的过程中，部分动作能够锻炼你的耐力，例如你必须更长时间地悬挂在固定杠上，这能够提高前臂的耐力。你的肌肉将会习惯于非常规的压力，继续锻炼，哪怕在严重缺氧的状态下。

如果更好地把这三种技巧结合起来

这三种技巧结合之后能够使效率最大化。如果你的身体不是特别虚弱无力，我们建议你在每次或每组练习的最后，肌肉的力量被严重消耗时，再使用负向训练法。

✪ **如果你的力量允许**，以部分动作练习作为开始。等到这些练习已经无法再继续时，采用强迫次数训练法，减轻身体负重，继续训练。

✪ **在接下来的练习过程中**，如果你已经没有力气，直接开始强迫次数训练。在可能的情况下，尽量做完整幅度的引体向上。

✪ **对于最后的一组**，如果你已经筋疲力尽，你可以完全进行负向练习，有可能的话，采用完整的动作幅度。这种组合方式能够快速增加你的力量，让自己能够做几个引体向上，随后就应该选择其他技巧来继续提高。

针对中等水平运动员的技巧

当你可以毫无困难地做若干引体向上之后，就必须重新寻找新的技巧，让你突破之前的数量极限，多做一个引体向上。为此，你可以采用组内休息策略。为了在锻炼的同时，尽快恢复体力，拮抗肌锻炼是非常有帮助的。

组内休息

在做一组引体向上时，如果身体感到疲劳，松开固定杠，休息5秒钟。如此一来，肌肉能够获得休息，暂时恢复力量，最后让你多做1到2个引体向上。你可以采用2到3次这种休息方式，有意识地增加练习数量，尤其是做最后一组时。

在引体向上练习组之间做俯卧撑

在两组引体向上练习之间，还有一种加速肱二头肌和背部肌肉的恢复的方法。只需要做一些宽距、轻负重的俯卧撑即可。

拮抗肌的收缩能够加速排出肱二头肌和背部肌肉的新陈代谢产物。做俯卧撑时，无须太过用力，否则只会让你变得疲惫。动作要轻快。刚开始时，不用做地面俯卧撑，用墙壁作为支撑即可，双脚距离墙壁50厘米。

做完一组引体向上之后，休息10秒钟，做5到10个俯卧撑。然后休息，可以坐下来，也可以稍微走走，根据你自己的需要而定。

在接下来的引体向上练习中，你应该能够感到肌肉力量得到了恢复，也证明这种方法是有效的。

休息时间较短时（少于30秒），如果俯卧撑让你感觉呼吸困难，就不要做。

▲ 两组引体向上练习之间的俯卧撑能够加速恢复

高阶技巧

你的水平越高，进步就更难，所以必须采用与初学者相反的技巧，也就是给自己增加负重或者增加动作难度，而非减轻负重或让动作简单化。

增加负重

为了快速增加肌肉的力量，必须为其施加更大的阻力，这就需要采用一些更加极端的强化技巧。

■ 如果为自己增重

有两种不同的方法。

→ **使用重物：** 如果你可以轻而易举地做12到20个引体向上，那就不要犹豫了，某几组练习可以增加一些重量。

如果重物是哑铃，可以用小腿或大腿夹住，如果是重量圆环，可以将其挂在一条腰带上，然后系在腰间。如果没有成功，可以把重物卸下，多做几个引体向上（参见第38页）。

→ **使用弹力带：** 把弹力带牢牢地固定在地面的重量非常大的物体上。另一端系在腰间。弹力带必须从运动一开始就产生阻力，不能在引体向上做到一半时才伸直。相反，弹力带在运动开始时绷得越紧，引体向上到最后越困难。所以必须在"刚开始时张力不够"和"引体向上高位时阻力过大"之间找到一个理想的平衡点。

❶ 用腰带来挂重物
❷ 两种腰带
❸ 用链条

■ 重物和弹力带有何区别

重物和弹力带之间的巨大差别在于重物所产生的额外阻力不会变化。弹力带则不同，身体抬升得越高，弹力带的张力越大，带来的阻力也不断增加，引体向上的速度就越慢。

与重物相比，弹力带很少会对动作开始以及启动力量产生影响。但是当引体向上进行到难度最大的高位时，弹力带的力量会加大。因此，如果你难以将身体抬升到足够高的位置或者参加的比赛的类型要求的位置非常高，弹力带比重物更适合。你可以"重物训练"和"弹力带训练"交替进行。但是我们不建议在同一次训练过程中交替使用这两种工具，以免产生无用、低效的练习冲突。

如果你为了参加比赛而增加重量，不要忘记交替进行阻力训练和无重物训练，以免只顾及力量，而忽略耐力。

⚠️ **注意!**

虽然增重训练非常有效，但考虑到引体向上和关节之间的复杂关系，训练时重量越大，越容易受伤（参见第44页，"避免引体向上导致的病症"）。

■ 训练末尾，何时以递减方式去掉负重

由于训练时增加了负重，所以当肌肉没有力气时，是否应该逐步去除负重，多做几个引体向上？这个问题的答案取决于你的目标，有两种可能。

→ **为了比赛而追求耐力与力量的结合：** 在这种情况下，建议逐步去掉负重，继续利用自重进行锻炼，同时提高力量和耐力。

→ **追求的是肌肉增长和/或单纯的力量：** 不建议为了多做几个引体向上而在训练末尾时去掉负重。这种训练耐力的拓展练习只会让肌肉劳累，无法为下一组做准备。这种多余的疲惫表现为增重能力的下降。为了获得更多的肌肉和力量，最好以金字塔的方式，一组一组逐渐向上抬升，不要让肌肉过度劳累。但是在最后一组时，可以采用递减方式，尽量多做几次。

等长悬挂

如果你没有负重或者你感觉自己缺少更多的耐力而非力量，你可以采用等长悬挂的方法来增加引体向上的难度。

这种技巧有三个目的：

→ 专门增强引体向上运动最难的高位部分；

→ 增加承受压力的时间，提高耐力；

→ 改善运动的掌握程度，这一点对于要求头部过杠的比赛而言尤其有用。

当身体到达引体向上的高位时，不要让身体立刻下降，将其保持在高位，让肌肉等长收缩（不动）2到5秒钟。做最后一个引体向上时，让身体尽量长时间保持这个姿态，然后结束这组练习。

引体向上过程中该如何呼吸

呼吸能够影响运动表现：

→ 只有在屏住呼吸时，肌肉才能表现出所有力量；

→ 呼气时，肌肉的力量略弱；

→ 吸气时，肌肉的力量最弱。

引体向上冠军所采取的策略可以完美诠释这些生理反应。他们在对手吸气时屏住呼吸，释放出全部力量，赢得胜利。换言之，他们在对手因吸气而处于最弱状态时，屏住呼吸，调动所有力量。

屏住呼吸是一种自然反射。屏住呼吸时，力量、反应时间、动作精确度和注意力都能短暂提升。想要在引体向上方面有所提高，必须在最大限度上利用这些特点。

■ 负重引体向上过程中的呼吸

越是进行负重训练，越需要充分利用屏住呼吸的特点，让运动表现最优化。我们需要做的是屏住呼吸的时间要尽量短暂。这个短暂瞬间应当与引体向上开始的时间完全一致。

整个引体向上过程中都屏住呼吸有可能起到反作用。在身体抬升的过程中稍微做几下即可。最不应该做的就是在这一时刻吸气，呼气则会更糟糕！

在两次引体向上之间或者动作最容易的阶段（下降）尽量吸气。和强制吸气不同的是，当肌肉压力稍微减少时，呼气会更自然。但在负重练习过程中很难呼吸空气，这也是为何这种训练会导致呼吸短促。

■ 引体向上数量极限时的呼吸

当我们屏住呼吸时，肌肉正在全力以赴地运动，我们很快就会感到缺氧。引体向上过程中屏住呼吸的时间越长，疲劳感出现得越快。所以必须根据用力程度来调整呼吸。

以下几种策略可供参考。

✪ 如果你做的引体向上数量不太多（少于10个），你可以几乎全程停止呼吸。

✪ 如果你做的引体向上数量在10到20个之间，你可以每做2到3个吸气一次。这次吸气要么在负向阶段，要么在开始上升之前。但在这种情况下，吸气后要立刻屏住呼吸，然后开始引体向上。

✪ 如果你做的引体向上数量超过20个，必须在负向阶段尽量呼吸。当一组练习进行到最后，如果几乎无法运动时，多使用屏住呼吸的方式，激发出身体剩余的力气。

■ **总结**

引体向上过程中的正确呼吸是一种训练出来的技巧。它绝对没有看起来那么简单。你需要多花时间，才能慢慢掌握，但是它是循序渐进过程中的重要因素。

固定带

在训练过程中，双手会渐渐松开，导致引体向上过早中断。为了增强手的紧握度，有一些固定带能够起到良好效果。

但是把它们放在正确的位置非常重要：

→ 如果手在固定杠前面，必须从杠后方开始缠绕固定带；

→ 如果手在固定杠后面，必须从杠前方开始缠绕固定带；

→ 常见的错误是从手所在的一侧开始缠固定带，这种错误必须避免。

如果你的手指又长又有力，可以完美地抓紧固定杠，那么固定带就纯属多余了。如果你的手比较小，耐力也不够，固定带能够帮你暂时解决这个问题。

⚠ **注意头的位置！**

头的位置会改变这个身体姿态下肌肉的收缩，从而影响平衡：

→ 头向后仰有利于背部肌肉的收缩，腹部肌肉得到放松；

→ 头向前倾有利于腹部肌肉的收缩，背部肌肉得到放松。

虽然这些肌肉的收缩和放松不是特别剧烈，但却是不可避免的。它们解释了为何我们站着看天空时会有向后倒的趋势。相反，当我们向下看时，会往前栽。

在做引体向上练习时，头的位置必须严格遵守清晰的策略，以下为几条基本规则。

✪ 首先，头不能左右摇晃。这些无用的动作会妨碍正常的肌肉收缩，并且可能导致颈椎问题。

✪ 从上到下的过程中，头可以有小动作，但不要过度移动。

✪ 有疑问时，头保持固定不动。

✪ 永远不要向一侧转头。

✪ 哪怕引体向上变得非常困难时，拼命晃头也没有任何效果。相反，身体在用力时应当如同一块坚硬的石头。

✪ 头应当微微向上抬起，让背部肌肉更好地收缩。头稍微向后仰能避免鼻子或下巴碰到固定杠。

▲ 固定带的正确位置

■ 固定带的使用应当根据你的目标来进行调整

✪ 为了练出肌肉发达的身体：如果你的目的是锻炼背部和手臂，那么固定带能帮你更好地锻炼肌肉，同时不受双手力量的限制。在这种情况下，固定带可以一直使用。

✪ 为了参加比赛或体能测试：在比赛中，固定带不太可能被允许使用。但在训练过程中呢？固定带虽然有效，但却会减少对前臂的锻炼程度。你可以偶尔使用固定带，帮助自己突破练习瓶颈，但不要过于依赖。

氧化镁

使用氧化镁可以让你更好地抓住引体向上的固定杠。但是在做双力臂时，氧化镁会减少固定杠的光滑度，这时要避免使用。

不要忽略腿的帮助

你采用的动作技巧要根据你的目标而有所变化。我们已经知道，要想打破纪录，爆发力越强越好。相反，要想刺激肌肉发育，动作必须受到控制。

根据你的目标的不同，双腿所起到的作用也会有变化。

■ 目标：成为最棒的引体向上达人

为了做到尽可能多的引体向上，不应该仅仅使用上身的肌肉来进行拉伸。双腿不能被当成妨碍运动的沉重累赘，它应该能够提供冲力，帮助自己向上抬升，尤其是减轻动作开始时的负担。

但是必须准确核实所参加的比赛的具体规则。有些比赛不考虑双腿造成的摇晃，但有的比赛会惩罚过度的动作。

大家最常见的错误就是用非常严格的方式开始引体向上，而不利用双腿的推动力，这种推动力有助于减少疲劳感。从动作一开始就使用双腿是明智的选择，因为会感到疲劳的不是它们，而是手臂，所以要最大程度上为手臂提供便利。

双腿的推动技巧有多种。

❶ **用双脚：**双脚就像在踩踏想象中的地面，然后用手臂向上提拉（当然了，

不能用脚碰触真实的地面）。由此产生的晃动会让身体处于运动状态，手臂的提拉动作会紧随其后，这两者保持和谐一致时，引体向上的难度会降低。

❷**用膝盖：**先让膝盖向前伸，然后再将其抬起。这样，上身会向后摆动。当你用手臂向上提拉时，身体在直立时会无意识地向上、向固定杠产生一股推动力。

❸**用双脚和膝盖：**向后抬起双脚，然后向前抬起膝盖，以此开始运动。根据自己的身体形态和中心部位把这些技巧结合之后，它们所产生的摆动会让你做出数量最多的引体向上。

■**目标：打造出健美的体魄或最大限度地锻炼肌肉**

这种情况下，不需要使用双腿可能产生的推动力，至少在一组训练开始时没有必要。当你感觉自己太过疲劳，不得不停止引体向上时，可以开始用双腿制造推动力，但推动力要足够强才能补偿因为疲劳而减少的力量。在练习的过程中，为了平衡肌肉的疲惫，推动力会越来越明显。

德拉威尔计划

德拉威尔计划是一种高阶方法，能够帮助引体向上冠军克服在循序渐进练习过程中出现的困难。它要求每周做两次引体向上训练，每次都要有特别明确的目的。该计划共持续3次，该训练可以滚动进行。

第一次：完整引体向上的数量要达到最大限度，以完善技巧

第二次：负重引体向上，以增加力量

第三次：部分引体向上和难度降级的引体向上，数量尽可能多，以增强耐力

避免引体向上导致的病症

一直重复练习同一种动作会导致某些病症突然出现。比如整天使用鼠标的IT工作者都会出现一些特定的疼痛。那么引体向上更是如此，它比鼠标更容易导致严重情况的出现。

日积月累的引体向上训练所引起的疼痛是阻碍继续训练的主要问题之一。只要了解了导致风险的因素以及与人体解剖学有关的弱点之后，预防这些常见伤痛就更加容易了。

完整幅度的引体向上所导致的危险

与大家的固有印象不同的是，部分动作并不是最危险的。相反，引体向上的幅度越大，越容易引起病症。我们在下文中可以看到，在引体向上的最低位（手臂伸直时）或最高位时最容易出现疼痛。同样，动作的爆发性越强，风险越高。

▶ 完整幅度的引体向上也存在风险

引体向上的典型病症

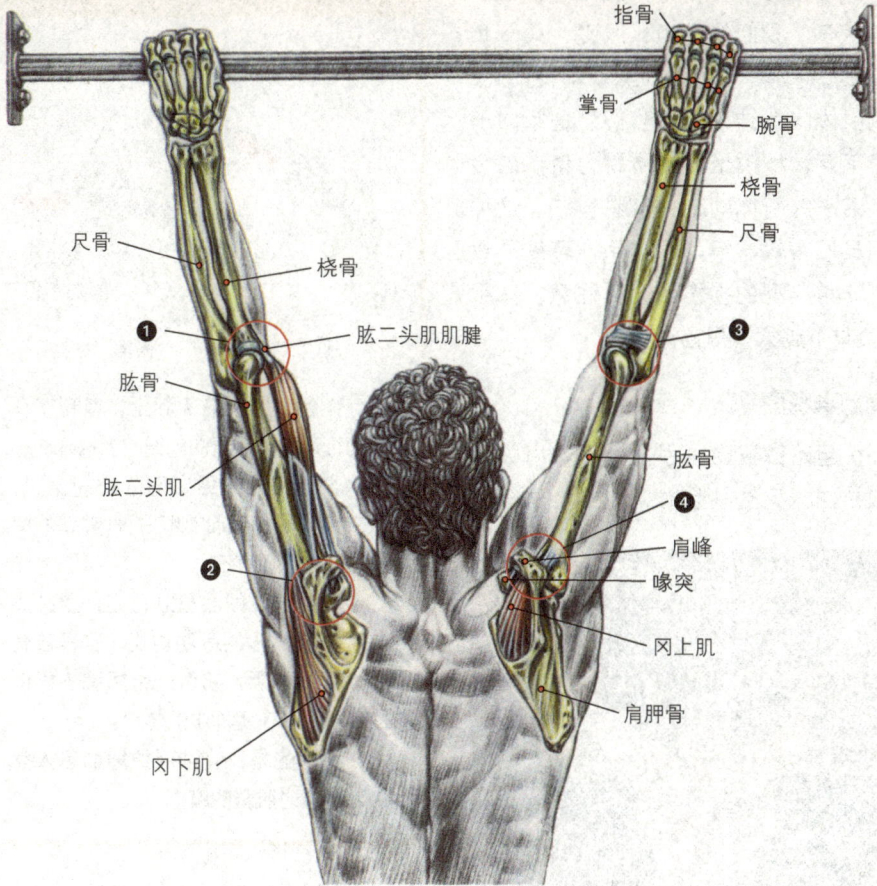

指骨

掌骨

腕骨

桡骨

尺骨

尺骨

桡骨

肱二头肌肌腱

❶

❸

肱骨

肱二头肌

肱骨

❹

❷

肩峰

喙突

冈上肌

肩胛骨

冈下肌

❶ 在引体向上过程中，如果在低位或负重训练时控制不好动作，肱二头肌的远端肌腱有可能受伤甚至断裂。

❷ 如果快速下降时控制不好，或者固定杠或器材负重训练时，冈下肌肌腱和肩关节腔有可能被牵拉，并导致其半脱位，因此产生的疼痛会影响稳定性。

❸ 下降时控制不好或手臂过度伸直时容易导致桡骨–肱骨半脱位，肘韧带可能过度牵拉，肘关节可能受伤，导致关节不稳定。

❹ 在重复进行引体向上时，或者对某些喙肩弓下方空间狭窄的人而言，冈上肌肌腱可能受到摩擦和损伤。

引体向上高位造成的损伤

在引体向上的起始位置，手臂处于伸直状态，我们的肌肉、肌腱、关节和韧带处于特别不稳定的位置。即便如此，每次引体向上结束时，我们还是倾向于快速下落，积攒足够的弹跳力量，这会让接下来的引体向上更容易一些。这种技巧虽然有效，但如果滥用，可能导致一些非常典型的损伤。尤其注意，体重（或负重）越大，风险越高。

■ 肩部半脱位

在起始位置时，手臂伸直，肩关节腔被拉伸。突然跳起时，由此产生的压

▲ 练习结束时，避免将手臂伸直

大猩猩肩胛骨与人类肩胛骨的对比

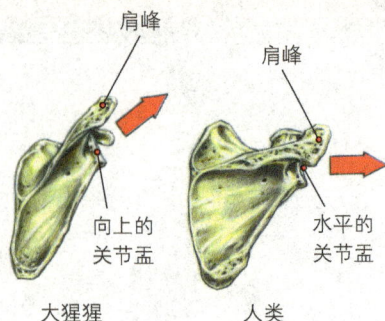

肩峰　　肩峰

向上的关节盂　　水平的关节盂

大猩猩　　人类

大猩猩的关节盂朝上，有利于在林间行动时，手臂向前或向上抬升。

肩峰和关节盂之间的空间更大，肱二头肌长头肌腱和冈上肌肌腱的磨损风险几乎不存在。

人类已经彻底直立行走，上肢失去了攀爬树木的运动功能，这导致肩峰表面的伸展，它像一个盾牌一样保护盂肱关节不受冲击的伤害。

不幸的是，这种保护增加了人类抬起手臂时肌腱的磨损。

力会导致盂肱关节（肩部）韧带松开。一旦这些韧带半脱位，肩关节会变得不稳定，动作稍有错误，它就可能脱臼。

如果发生这种情况，必须休息一周，在韧带重新收紧之前，身体只能下降到手臂与地面平行时停止。为了让风险最小化，在开始水平抬升之前，让肩膀充分热身（参见第111页）。

图中标注（从左至右、从上至下）：
- 肩锁韧带
- 喙肱韧带
- 关节囊
- 锁骨
- 肩峰
- 肩胛冈

■ 冈下肌撕裂

当手臂伸直时，冈下肌也会被拉伸。在跳起时，这块支撑肩膀的肌肉可能被撕裂。虽然这种创伤不一定带来疼痛，但它会导致肩膀不稳定，这就会导致其他更加严重的病症的出现。

为了尽可能预防这种问题，在每次训练之前，必须做几组类似路边伸手拦出租车的动作，起到热身和增强冈下肌的作用（参见第112页）。

■ 悬挂综合征

跳起动作越剧烈，冈上肌被拉伸得就越严重。这种严重的拉伸会导致肌肉接触到肩峰。这种摩擦如果反复出现，

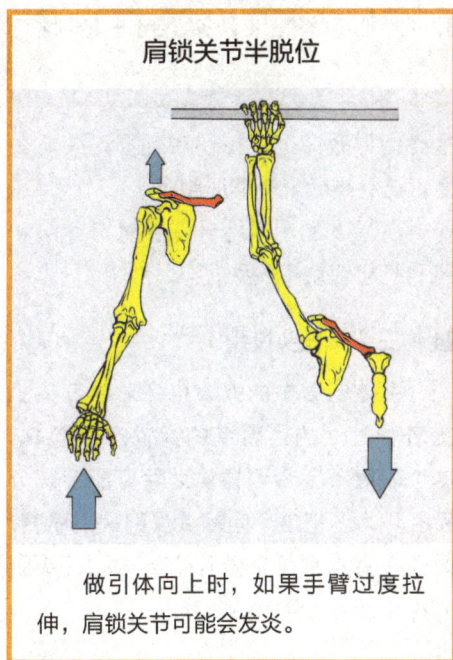

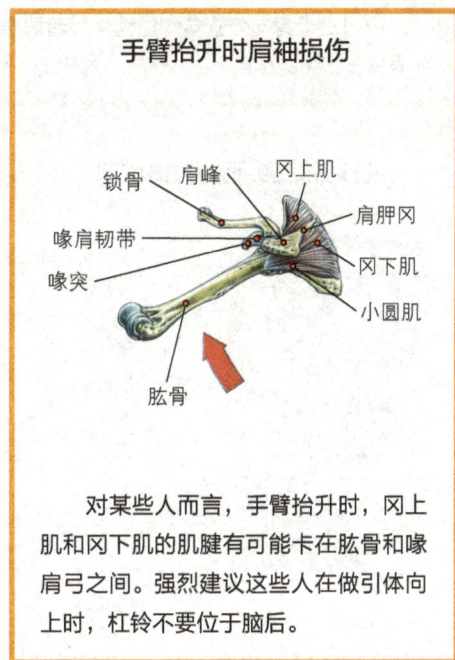

肩锁关节半脱位

做引体向上时，如果手臂过度拉伸，肩锁关节可能会发炎。

手臂抬升时肩袖损伤

图中标注：
- 锁骨
- 肩峰
- 冈上肌
- 肩胛冈
- 喙肩韧带
- 冈下肌
- 喙突
- 小圆肌
- 肱骨

对某些人而言，手臂抬升时，冈上肌和冈下肌的肌腱有可能卡在肱骨和喙肩弓之间。强烈建议这些人在做引体向上时，杠铃不要位于脑后。

冈下肌和小圆肌

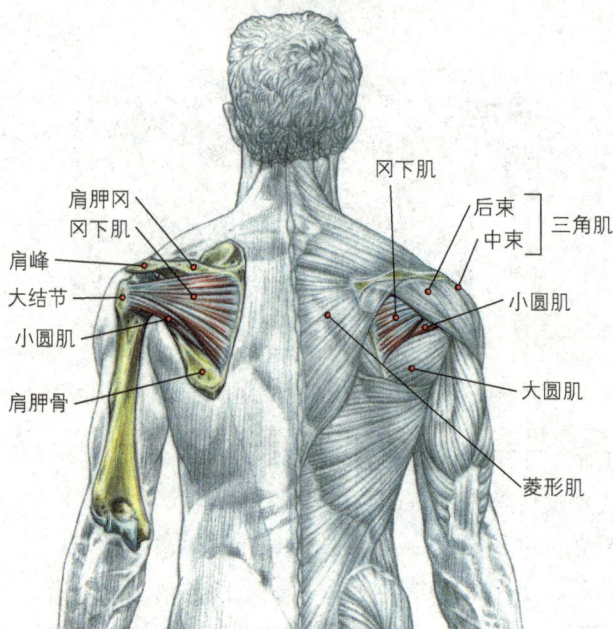

肩胛冈
冈下肌
肩峰
大结节
小圆肌
肩胛骨

冈下肌
后束 } 三角肌
中束
小圆肌
大圆肌
菱形肌

这两块肌肉位于肩胛骨后表面，附着在肱骨大结节上，并和冈上肌、肩胛下肌一起把肱骨头固定于肩胛骨关节盂。

它们在手臂向外旋转的过程中起着重要作用，能够把手臂和上身紧密结合在一起，增强肩关节韧带的作用。

针对肱三头肌的拉伸练习

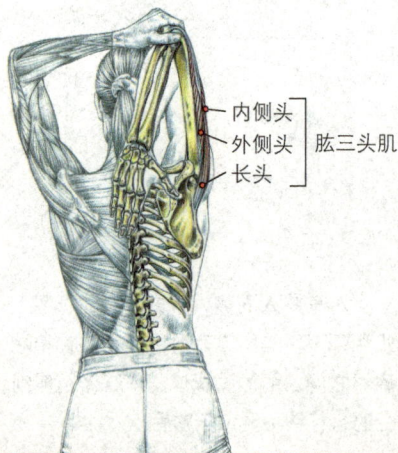

内侧头
外侧头 } 肱三头肌
长头

最终会导致冈上肌擦伤和耗损。久而久之，这会导致发炎和肌腱炎。

小幅度的水平抬升能够对三角肌和冈上肌起到热身效果。

■ 肱三头肌长头撕裂

引体向上中的弹跳也会对肱三头肌在肩胛骨上的附着点的弹性产生影响。这个肌腱不断受到拉伸之后可能会部分断裂。为了把这个问题减少到最小程度，必须在每次锻炼前做几个针对肱三头肌的拉伸练习。

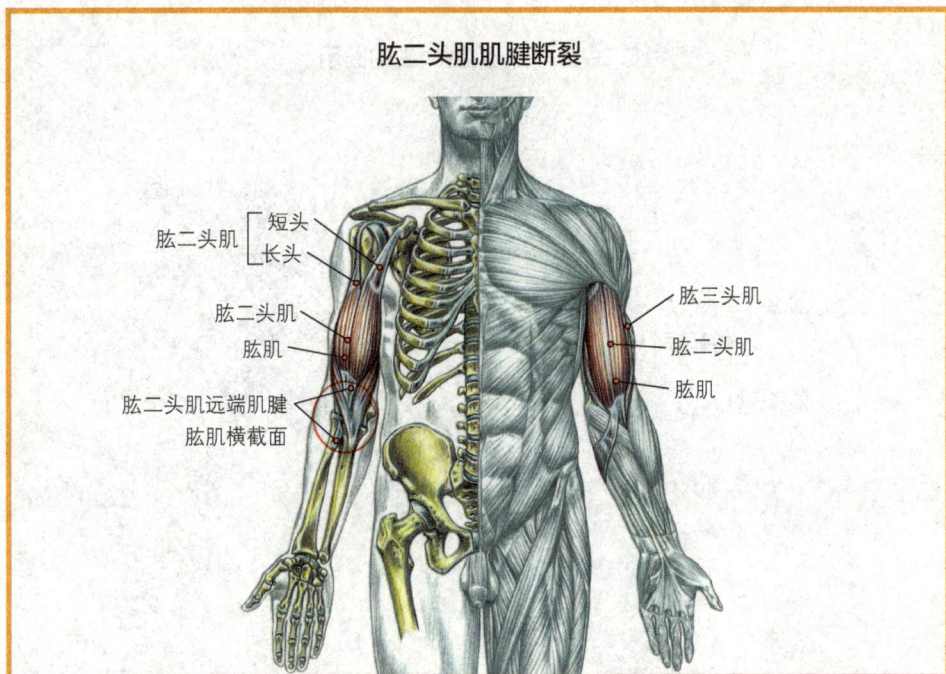

肱二头肌肌腱断裂

肱二头肌 [短头
长头]

肱二头肌
肱肌
肱二头肌远端肌腱
肱肌横截面

肱三头肌
肱二头肌
肱肌

■ **肱二头肌撕裂**

✪ **肱二头肌下部撕裂（远端肌腱）：** 反手（小指相对）将手臂完全伸直时，肱二头肌远端肌腱处于一个非常危险的位置。肌腱炎甚至撕裂的风险都很高。

需要注意的是，做动作时，如果手处于中位或正手位（拇指相对）时，肱二头肌的下部会得到更好的保护。如果反手做引体向上时，肱二头肌远端肌腱

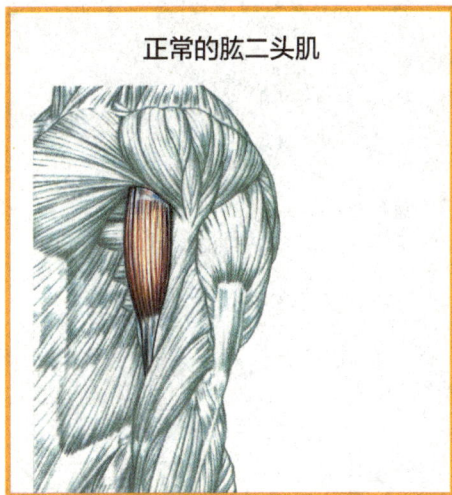

正常的肱二头肌

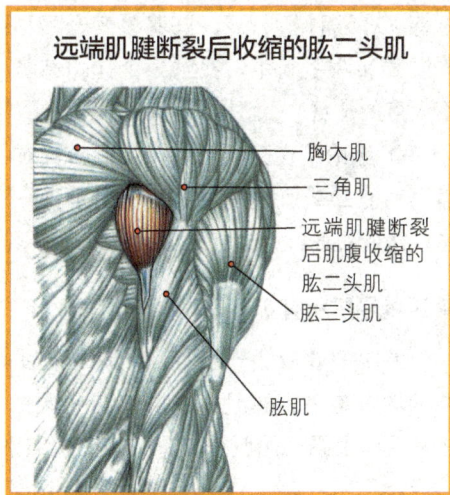

远端肌腱断裂后收缩的肱二头肌

胸大肌
三角肌
远端肌腱断裂后肌腹收缩的肱二头肌
肱三头肌
肱肌

肱二头肌短头肌腱断裂的图示

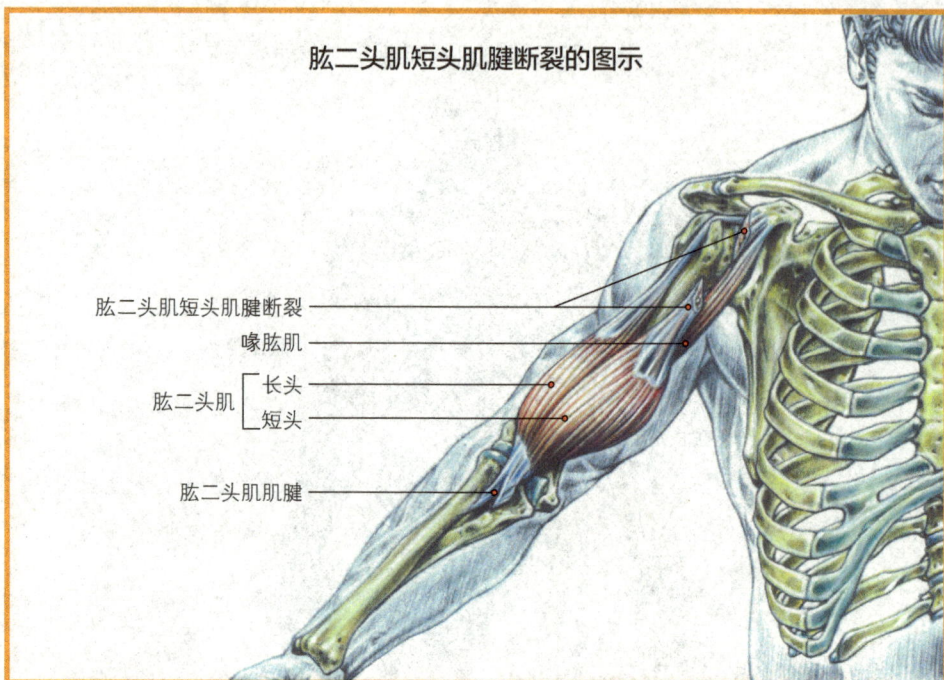

肱二头肌短头肌腱断裂

喙肱肌

肱二头肌 ┌ 长头
　　　　 └ 短头

肱二头肌肌腱

有疼痛感，可尝试中位或正手这两种风险更小的方式。

✪ **肱二头肌短头撕裂：**无论采用何种形式的引体向上，在弹跳时，肱二头肌短头的上部都会被拉伸。虽然断裂这种情况不太常见，但还是会出现一些疼痛感。在这种情况下，试着改变一下手的位置和两手间距，找到一个让你感觉不太疼的位置。

✪ **结论：**在开始引体向上锻炼之前需要对肱二头肌进行热身，至少要做一些轻微的拉伸练习。

■ **手腕屈肌肌腱炎**

弹跳的效应会一直蔓延到前臂，更准确地说是手腕屈肌方向。创伤会产生在肱骨内上髁（屈肌在桡骨上的附着点）附近。

这个附着点部位的炎症会蔓延到所有手腕屈肌，哪怕某些手腕屈肌在引体向上中只起次要作用。疼痛感会扩散开来，因为许多肌肉都附着在这个部位。

肱骨内
上髁

肱骨外
上髁

肱三头肌 { 内侧头
外侧头
长头

肱二头肌 { 长头
短头

喙肱肌

胸大肌

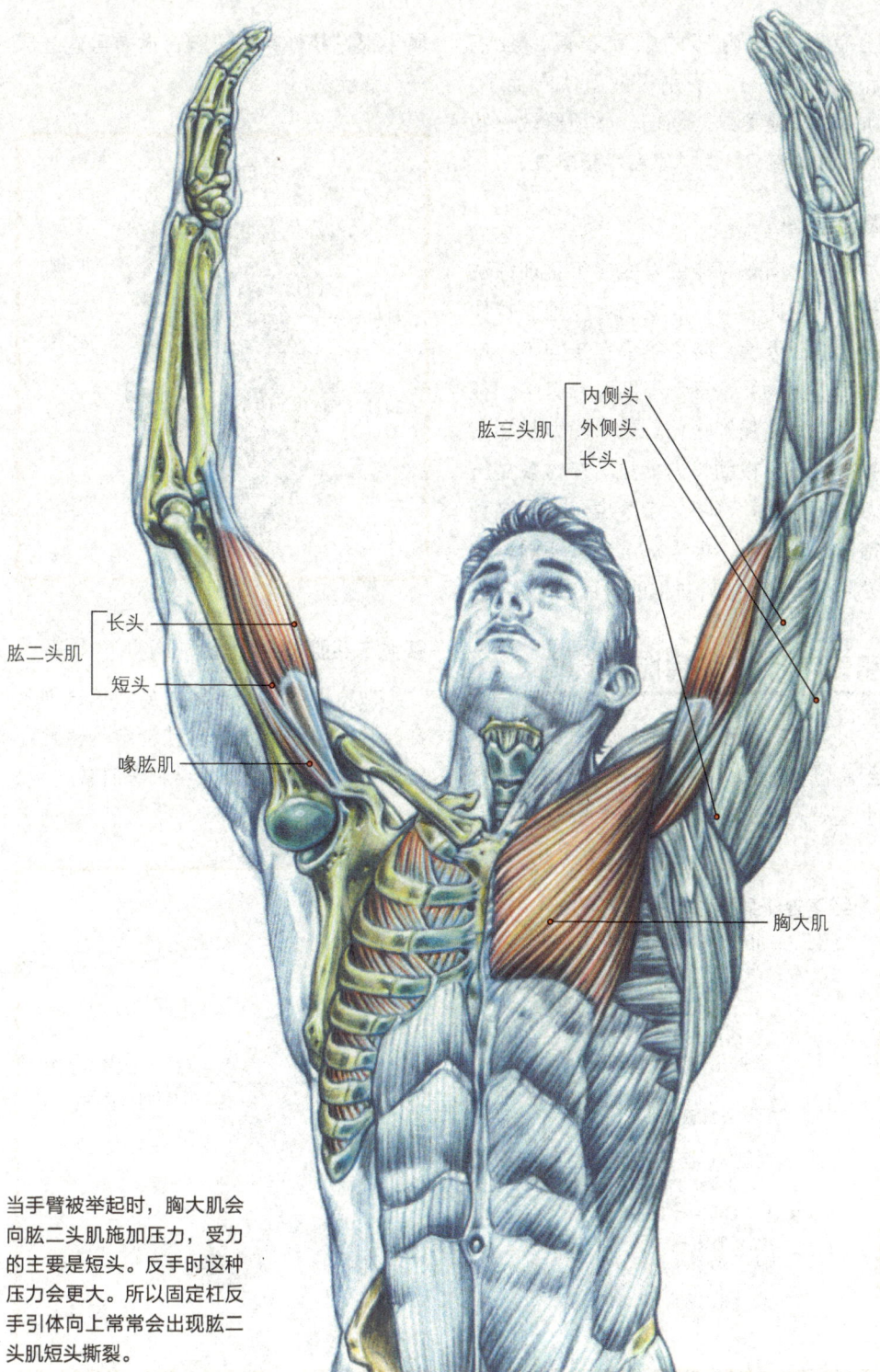

当手臂被举起时，胸大肌会向肱二头肌施加压力，受力的主要是短头。反手时这种压力会更大。所以固定杠反手引体向上常常会出现肱二头肌短头撕裂。

没有肘关节内部的默默奉献，我们什么都抓不住，更别提做引体向上了。所以为了避免这些创伤，必须要做一些轻度拉伸练习，为前臂和手腕热身。

■ 肋骨错位

　　这个问题可能会发生在负重训练过程中，但比较罕见。重物会向地面拉伸腰方肌。因此，腰方肌会直接向下拉伸第十二根肋骨，第十根肋骨和第十一根肋骨会间接受到拉伸。处于压力状态下的胸大肌会把肋骨向上拉。在这多重压力之下，肋骨可能会半脱位。虽然这种错位比较微小，但疼痛感非常明显，因为附近有许多源自脊椎的神经。

引体向上的高位引起的创伤

　　虽然在做引体向上时，把身体提升到高位被视为一种了不起的成绩，但这也是有风险的。其实，向上提升的每一厘米都在拉伸某些肌腱，这有可能造成一些病症。

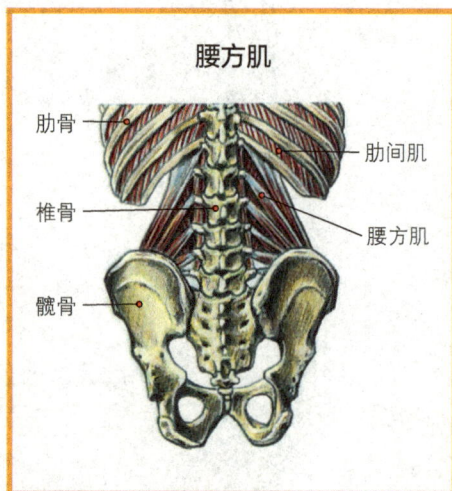

腰方肌

肋骨

肋间肌

椎骨

腰方肌

髋骨

■ 肱二头肌长头肌腱炎

　　做宽距引体向上时，身体抬升得越高，肱二头肌长头肌腱就会愈加紧贴在腱沟处。这种重复摩擦会损害肌腱。

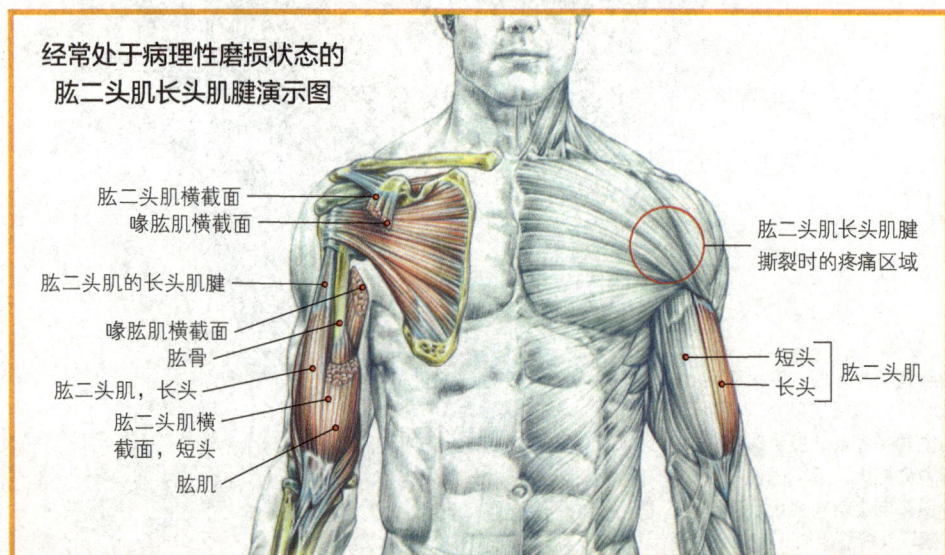

经常处于病理性磨损状态的肱二头肌长头肌腱演示图

肱二头肌横截面

喙肱肌横截面

肱二头肌的长头肌腱

喙肱肌横截面

肱骨

肱二头肌，长头

肱二头肌横截面，短头

肱肌

肱二头肌长头肌腱撕裂时的疼痛区域

短头　　肱二头肌
长头

我们会感觉肩膀前部疼痛，但其实受到刺激的是肱二头肌长头肌腱。

■ 肘关节疼痛

无论引体向上采用何种握距，身体抬升得越高，肱三头肌下部的拉伸度就越大。

未经热身的肘关节无法承受这种拉伸。然而，这种创伤不一定会立刻导致疼痛，它有可能过段时间才会表现出来。正因为此，人们不会立刻意识到自己在做引体向上时伤到了肘关节。这就更加突出了在进行引体向上训练之前拉伸肱三头肌的必要性。

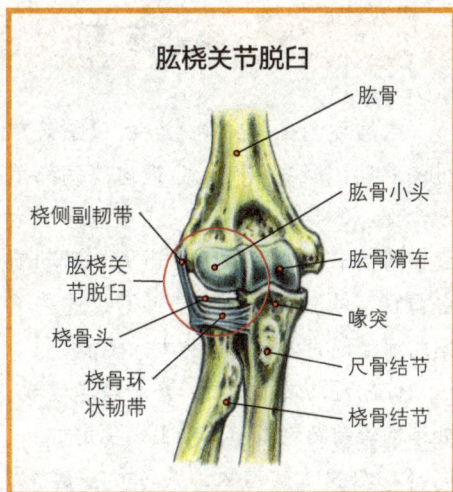

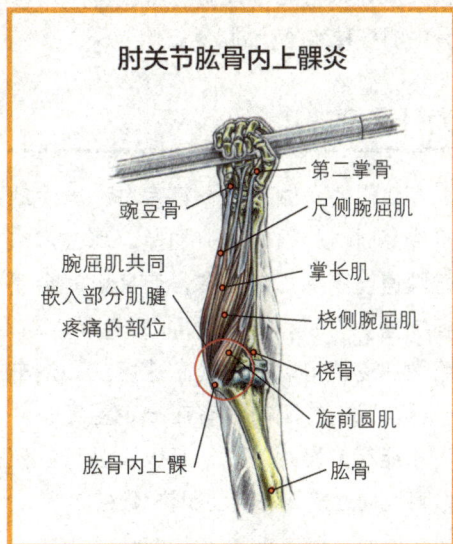

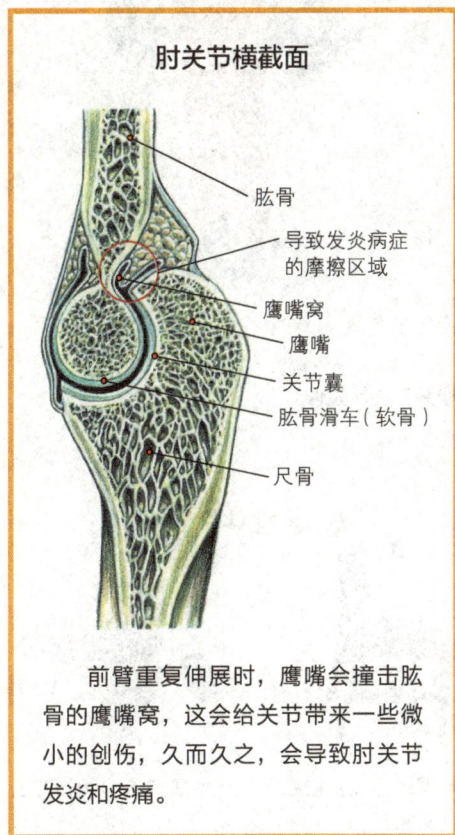

肱桡关节脱臼

肱骨

桡侧副韧带

肱桡关节脱臼

桡骨头

桡骨环状韧带

肱骨小头

肱骨滑车

喙突

尺骨结节

桡骨结节

肘关节横截面

肱骨

导致发炎病症的摩擦区域

鹰嘴窝

鹰嘴

关节囊

肱骨滑车（软骨）

尺骨

前臂重复伸展时，鹰嘴会撞击肱骨的鹰嘴窝，这会给关节带来一些微小的创伤，久而久之，会导致肘关节发炎和疼痛。

肘关节肱骨内上髁炎

豌豆骨

腕屈肌共同嵌入部分肌腱疼痛的部位

肱骨内上髁

第二掌骨

尺侧腕屈肌

掌长肌

桡侧腕屈肌

桡骨

旋前圆肌

肱骨

引体向上之前充分热身

虽然我们在上文中看到的只是最常见的病症，但很少有人会把这些病都得一个遍。只要自己留意，注意自己的运动锻炼方式，就可以将其避免。运动前进行特定的、严格的热身练习，这些不同病症出现的可能性就会大大降低。

你的运动水平越高，热身就越重要，如果你想要做更多引体向上，更是如此。同样，你的体重越大，或者负重越大，就更应该进行充分热身。请参考第三部分中的各种热身计划。

为什么要热身

我们的身体就像一辆汽车，当发动机冷却时，如果你全力加速，那么汽车行驶速度不会提高许多，而且机器会受到损害。相反，如果发动机充分启动，略微加速就可以快速提高速度。和汽车一样，我们的肌肉只有在一定温度条件下才能充分发挥效能，所以在进行任何体育运动之前，都要让肌肉预热。

所以，热身能够：

→ 防止受伤；

→ 优化运动表现；

→ 为即将开始的运动做好思想准备。

⚠ **注意!**

季节和一天中的时段不同，热身的时间长度也不同。例如在冬天或者早上醒来时，身体温度比夏天或下午时段要低，必须将热身时间稍作延长。

❶反手弯举
+
❷肱二头肌拉伸

▲ 理想的热身融合了特定的肌肉练习和相应的拉伸

练 习

引体向上初阶练习

手的三种位置

做引体向上时，手可以有三种不同的位置。

→ **中位**：大拇指朝向上身。双手处于这种位置时，双臂的力量最强。但是肱二头肌的姿态不够理想，无法发挥出全部力量。为双臂提供力量的主要是肱桡肌和肱肌。

→ **反手位**：小指朝内，大拇指朝外。这是锻炼肱二头肌最好的姿态。

→ **正手位**：两个大拇指朝内相对。小指朝外。对双臂而言，这是力量最弱的姿势。力量主要由肱桡肌提供，肱二头肌并未有太多参与。

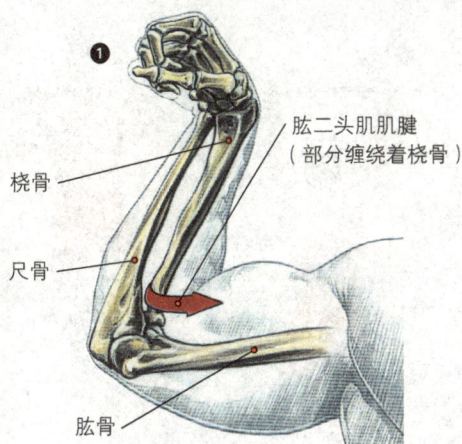

① 肱二头肌肌腱（部分缠绕着桡骨）

桡骨

尺骨

肱骨

❶**正手位**
正手位时，肱二头肌远端肌腱部分缠绕着桡骨。

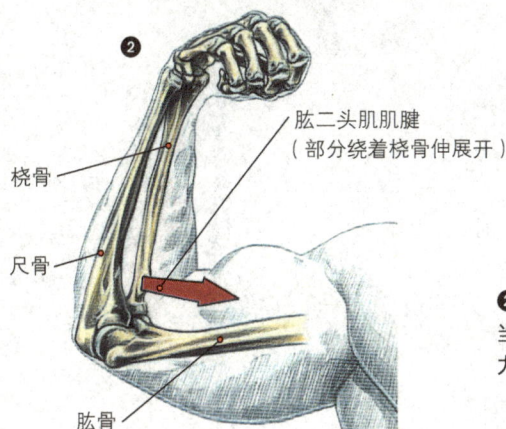

② 肱二头肌肌腱（部分绕着桡骨伸展开）

桡骨

尺骨

肱骨

❷**反手位**
当肱二头肌收缩时，它对远端肌腱所产生的力量让桡骨绕轴旋转，从而手处于反手位。

窄握反手引体向上

目标肌肉

这项基本练习针对的是背部肌肉、肱二头肌、部分肱三头肌和前臂。

谁适合做这个动作

这个动作很适合初学者和女性来熟悉引体向上，因为初学者采用这种姿势时，最能发挥力量，也最舒适。掌握好了这种类型的引体向上之后，过渡到其他类型就比较简单了。

动作进行

✪ 抓住固定杠，掌心向后（小指相对）。两手间距与肩同宽。双腿向后抬起，直到小腿与大腿呈直角。双腿交叉，让右脚以左脚踝为支撑❶。

✪ 用双臂向上拉，抬升身体❷。身体上升到高位之后下降。

仔细观察

✪ 在拉伸状态时，手臂最好不要完全伸直，以便于让手臂持续受力，防止受伤（参见第63页）。

✪ 双手一定要抓紧固定杠，防止因为手指无力而被迫停止动作。

强化技巧

✪ 为了最大限度增强肌肉力量和体积，在高位时，保持收缩一秒钟，然后再慢慢下降❸。当然了，在比赛或者为了创造纪录时，这种等长暂停可能起反作用。

✪ 当你做的引体向上数量很容易就超过12个时，可以进行负重练习。这两种策略适用于一切不同形式的引体向上。

▼ 反手位

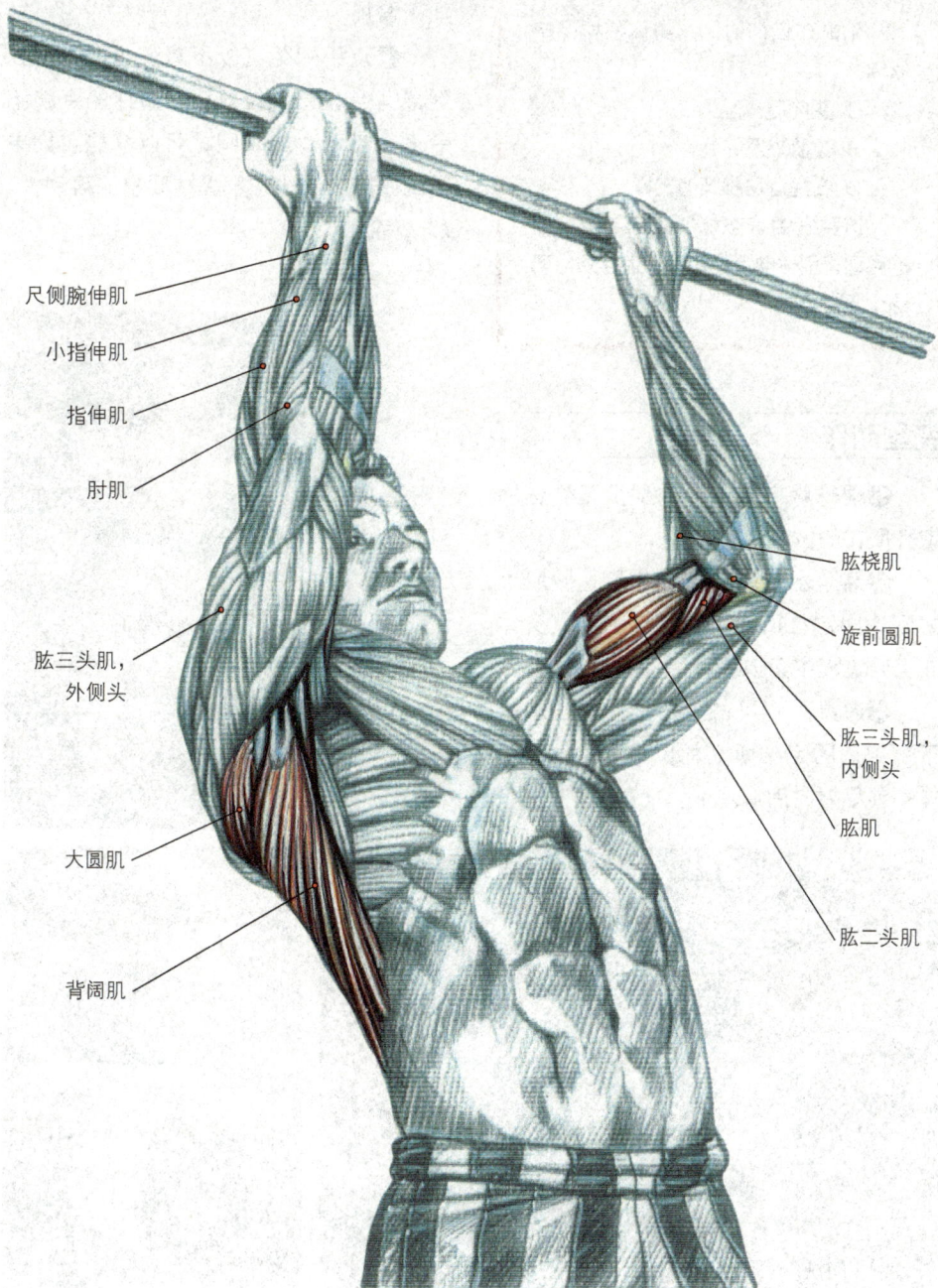

尺侧腕伸肌

小指伸肌

指伸肌

肘肌

肱三头肌，
外侧头

大圆肌

背阔肌

肱桡肌

旋前圆肌

肱三头肌，
内侧头

肱肌

肱二头肌

如何避免不由自主的晃动

无论在任何时刻，身体都要保持紧绷：

→ 头向后；

→ 臀肌夹紧；

→ 右腿以左脚踝为支撑。

这种紧绷状态能够避免不由自主的晃动，引体向上的初学者很容易出现这个问题。

变型动作

Ⓐ理想状态下，喉结至少要到达固定杠所在的位置。

Ⓑ高阶水平的变型动作是让胸肌上方到达固定杠所在的位置。为此，身体在上升过程中可以微微后仰。

Ⓒ超高阶水平的变型动作是让胸肌下部到达固定杠所在的位置。为此，身体需要尽力向后仰。

这三种变形动作的区别在于动作的幅度，练习的难度随着动作的幅度的增加而增加。

Ⓓ双手间距可以不断变化，以便找到最适合自己的位置。如果你的手腕不会来回晃动，那么间距可以窄些。如果你的手腕还缺少“窄握”要求的可动性，那么间距可以宽些。

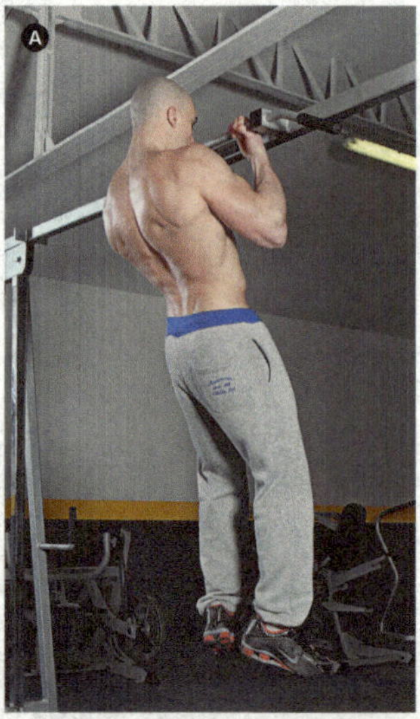

▼▶ 窄握

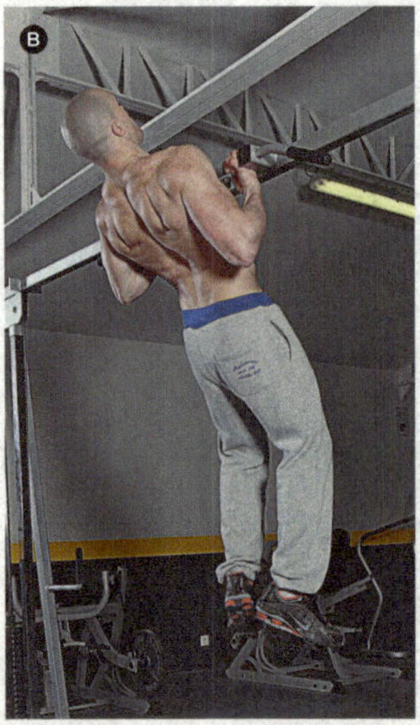

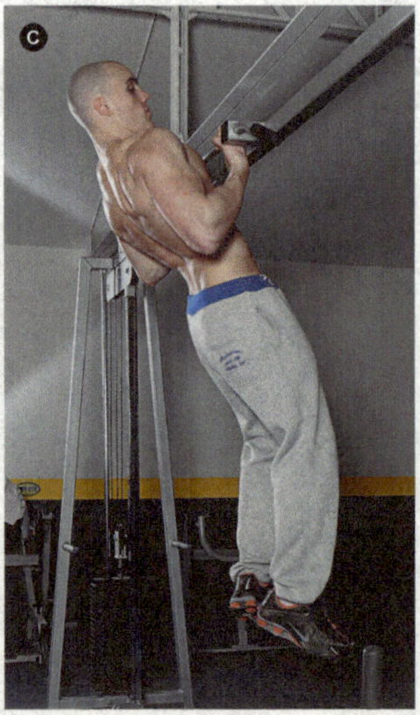

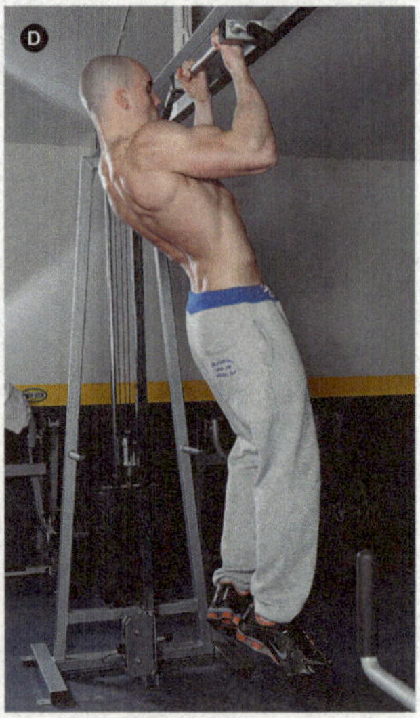

◆**窍门**：如果你一个引体向上都做不到，有一种策略或许适合你，把固定杠放在地面上方一米的位置，让双脚能够踩着地面。水平躺在地上，双脚尽量向前伸，让肩膀位于固定杠下方❹，然后把自己"吊起来"❺。这种姿势可以大幅减轻身体重量，减少训练难度。特定的提拉角度让这个动作类似于引体向上和划船的混合体。

对肌肉的影响

✪ 握距越窄，肱二头肌的锻炼程度越高。

✪ 握距越宽，背部肌肉的参与度越高。

✪ 上身越笔直，背阔肌和大圆肌越容易被调动（锻炼背的宽度）。

✪ 上身越向后仰，练习越近似划船，它能够调动斜方肌下部和背部肌肉内侧（锻炼背的厚度）。

⚠ 危险

✪ 反手位时，永远不要试图完全将手臂伸直，因为这会让肱二头肌处于一个容易撕裂的位置，尤其是肱二头肌的短头部位和下部。如果你使用的是直固定杠，这种情况更明显。

✪ 动作的爆发性越强，肌腱、关节和韧带受伤的风险越大。

✪ 如果你想刺激肌肉发育，伸直手臂对此没有帮助。如果你想在每组结束时休息一秒钟，放松肌肉，做几个额外的练习，可以把双脚放在地面或凳子上，不要让它们悬空。虽然这种方法似乎不够阳刚，但它可是避免受伤的最聪明的方法。

反手位的受伤风险比其他方式更大，因为手腕一般不用来做如此程度的外旋动作。

处于方便考虑，这项练习常常使用直固定杠进行。但是，当手臂在空中伸直时，处于反手位的手腕的旋转能力受到严重限制。大部分运动者必须对关节用力，抓紧固定杠。这种限制有可能导致手腕、前臂、肱二头肌和/或肩关节出现病症。

最好使用弯杠，对手腕而言，尤其对于过度内翻的人而言，弯杠更加自然。

分析手腕的旋转自由度

桡骨的上部呈螺旋状。这种结构能够让桡骨与尺骨紧密联系在一起，从而让手做旋前动作。

桡骨的弯曲程度因人而异，这也解释了不同的竞技者的手腕幅度有巨大差别。但是，手在转动时，无法像我们期待的一样旋转180度。有一些力学限制减少了我们的运动自由度。这些限制根据手臂的位置而有变化。当手臂沿着身体伸直时（如同弯臂练习的开始阶段），肱二头肌的拉伸限制了旋后动作。当手臂伸直并举过头时（如同平行抓握固定杠拉背的开始动作），肱二头肌短头肌腱上部会碰撞胸大肌，这会进一步限制旋后动作。肌肉越发达，手腕的运动幅度越小。

与理论上的180度相比，手腕旋转的平均值为：

✪ 150度，手臂折叠刀90度❶；

✪ 100度，双臂沿着身体伸直❷；

✪ 90度，手臂伸直高举❸。

但是与这些平均值相比，不同个体可以被分为两大类。

✪ 过度后旋者：桡骨的弯曲不太明显，允许他们在反手时大拇指向后转❹。相反，过度后旋者在正手时很难让大拇指向后转❻。因此，他们在正手位时能够发现我们所描述的运动幅度不足。

✪ 过度前旋者：桡骨明显弯曲导致他们无法在反手位时向后转动大拇指❺。相反，过度前旋者在正手位时轻松地让大拇指向后转动❼。因此，他们在反手位时能够发现我们所描述的运动幅度不足。

肘关节的各种伸展度

伸直手臂的能力因人而异。

✪ 某些人无法将手臂完全伸直，因为他们的鹰嘴和桡骨踝部位的骨头构造限制了伸展动作。一般来说，这些人的肱二头肌较短，所以运动幅度也变小。

✪ 相反，肘关节的伸展程度比较大的人通常都有比较长的肱二头肌。

自然伸展度越小，就越应当避免伸直手臂，防止骨骼受力过度。与生来就能伸直手臂的人相比，从解剖学角度来看，运动幅度较小的运动者能够做完整的引体向上，虽然视觉上看起来不明显。同样，肩膀狭窄的运动者向后伸展手臂的难度要大于那些锁骨较长的人。在这种情况下，想让身体保持垂直可能会导致肱骨紧贴肩峰，从而引起一些病症。所以上身应当略向后仰。

在锻炼过程中，如果你不太容易伸直手臂，但还想参加比赛，那就只在最后一组引体向上练习中才将手臂伸直，以掌握比赛技巧。做其他组练习时，手臂伸直一半即可，以减小创伤。

◆敲门：如果你的手臂看起来没有完全伸直，那就穿件袖子尽量长的T恤衫把它们盖住。

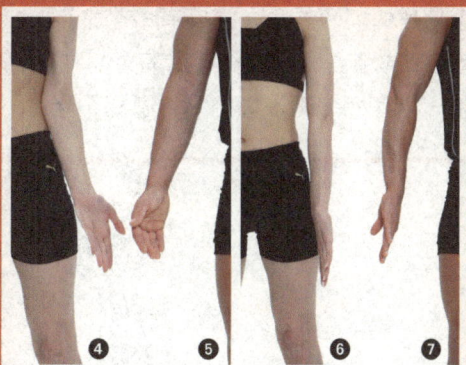

❹ ❺ ❻ ❼

手臂的不同伸展度

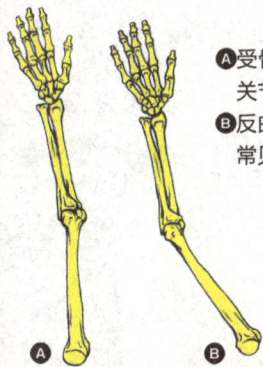

Ⓐ受骨骼形态所限的肘关节
Ⓑ反曲，女性群体中更常见

窄握中位引体向上

目标肌肉

这项基本练习针对的是背部肌肉、肱肌、肱桡肌、肱二头肌和前臂。

谁适合做这个动作

这是一个初学者能够采用的动作。必须将其与窄握反手下拉进行比较，从而选择最能增强你的力量的变型动作。这个动作的问题在于，必须有多个把手的固定杠或者两根固定杠（见下文），在单独一根直杠上无法做到平行抓握，除非做突击队员引体向上（参见第78页，引体向上高阶变型动作）

动作进行

✪ 双手处于中位（拇指朝向身体），抓住两根固定杠。两手的间距大约是锁骨宽度的三分之二。

✪ 双腿抬起，交叉向后❶。用双臂向上提拉❷。

✪ 到达高位❸之后，开始下降，双臂保持半伸直状态。

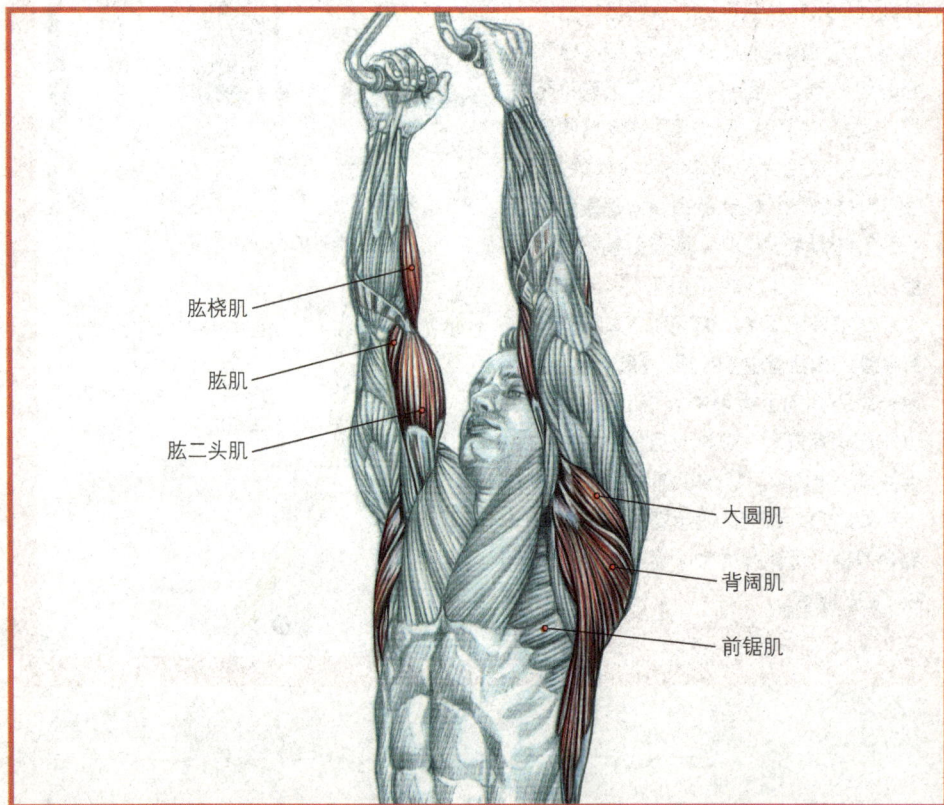

肱桡肌
肱肌
肱二头肌

大圆肌
背阔肌
前锯肌

◆ **窍门**：买两根固定杠就可以练习中位引体向上。在走廊里，只需要把两根固定杠放在同一高度即可。两根杠的间距可以根据你的需要来定，宽窄均可。

双杠的另一个巨大优势在于，每根杠只承受一半的负担，因此你可以进行负重练习，不用担心重量超过最大限度。

变型动作

Ⓐ至少要让下巴到达固定杠位置。

Ⓑ高阶水平的变型动作是让手碰到胸肌的上部。

Ⓒ超高阶水平的变型动作是让手碰到胸肌的下部。

对肌肉的影响

由于两只手的位置，双臂的力量能得到最大限度的发挥，虽然肱二头肌的参与受到了限制。

握距越窄，这项练习越能够拉伸背部肌肉，但肌肉收缩阶段会更短。相反，握距越宽，背部肌肉受到的拉伸越少，但肌肉收缩阶段会更长。

✪ 窄握（固定杠间距约为20厘米）能够锻炼更多的手臂肌肉❹。

✪ 宽握（与肩同宽）能够更好地把锻炼重点集中在背部。

⚠ 危险

做中位引体向上时，在双臂完全伸直的情况下，肱二头肌受伤的风险要小于反手引体向上。然而，对肩关节而言，虽然风险有所减小，但依旧存在，尤其是在做爆发性训练时。

目标肌肉

这项基本练习针对的是背部肌肉、肱桡肌、肱肌、肱二头肌和前臂。

谁适合做这个动作

这个动作比反手或中位引体向上要难得多，所以不推荐初学者来做。然而，这是一种在许多体能测试中使用的引体向上类型，例如美国军队的测试。它也是一项为双力臂做准备的好练习。

动作进行

✪ 双手为正手位（拇指相对），抓住固定杠。两手间距与肩同宽❶。

✪ 双腿向后抬起交叉。用双臂向上提拉。到达高位之后，开始下降，双臂保持半伸直状态。

⚠ 危险

为了保护你的肩膀，在动作处于低位时，不要过度伸直手臂，尤其是你为了方便下一个引体向上而做跳跃动作时。优先考虑半伸直姿态❷。

变型动作

A 至少要让下巴到达固定杠所在的位置。

B 高阶水平的变型动作是让喉结甚至胸大肌上部到达固定杠所在位置。

C 超高阶水平的变型动作是让胸大肌下部甚至腹肌到达固定杠所在位置，为此，身体必须用力向后仰。

这种动作的目的当然是为双力臂做准备（参见第84页，高阶引体向上变型动作）。利用强大的牵引力把身体提升地越高，身体积累的惯性就越大，引体向上就越容易转变为双力臂。

D 两手的间距可以多变化，以找到最适合自己的姿态。

对肌肉的影响

受双手姿态的影响，双臂的力量要比中位或反手位小得多，因为肱二头肌的发力受到限制。相反，肱肌的参与度增加了许多倍。

✪ 握距越窄，锻炼难度越高，因为肱肌承受压力更大，背肌承受压力更小。

✪ 尽量让双肘沿着上身，一直到动作高位时才将手臂折叠，这样肱肌和肱桡肌能够得到锻炼。

仔细观察

在双手间距相同的情况下，正手引体向上的幅度比反手大10%。通常大家在做正手引体向上时，握距比反手位更窄，所以不利情况更加明显。引体向上的幅度更大，难度上升，这成为比赛中的两大难题。

宽距，正手位

背肌收缩用力

宽握正手引体向上

目标肌肉

这项基本练习针对的是背部肌肉、肱桡肌、肱肌、肱二头肌、部分肱三头肌和前臂。

谁适合做这个动作

这个动作比反手或中位引体向上更难，所以不推荐初学者来做。

动作进行

✪ 正手位（大拇指相对）抓住固定杠。两手间距至少为肩宽的1.5倍。双腿向后抬起交叉❶。

✪ 用双臂向上提拉❷。到达高位之后，开始下降。身体到达低位时，为了让双臂持续受力，最好不要将其完全伸直❸。

⚠ 危险

避免完全伸直双臂，在宽握时应当尤其注意。双臂完全伸直让肩关节处于一种脆弱的姿态，容易引起创伤。如果在两个引体向上之间，你为了休息而将手臂伸直，那么重新开始时不要瞬间用力，因为肩关节不太稳定，韧带容易受伤。做引体向上时的理想情况就是让双臂在练习的拉伸部分里处于持续受力的状态。

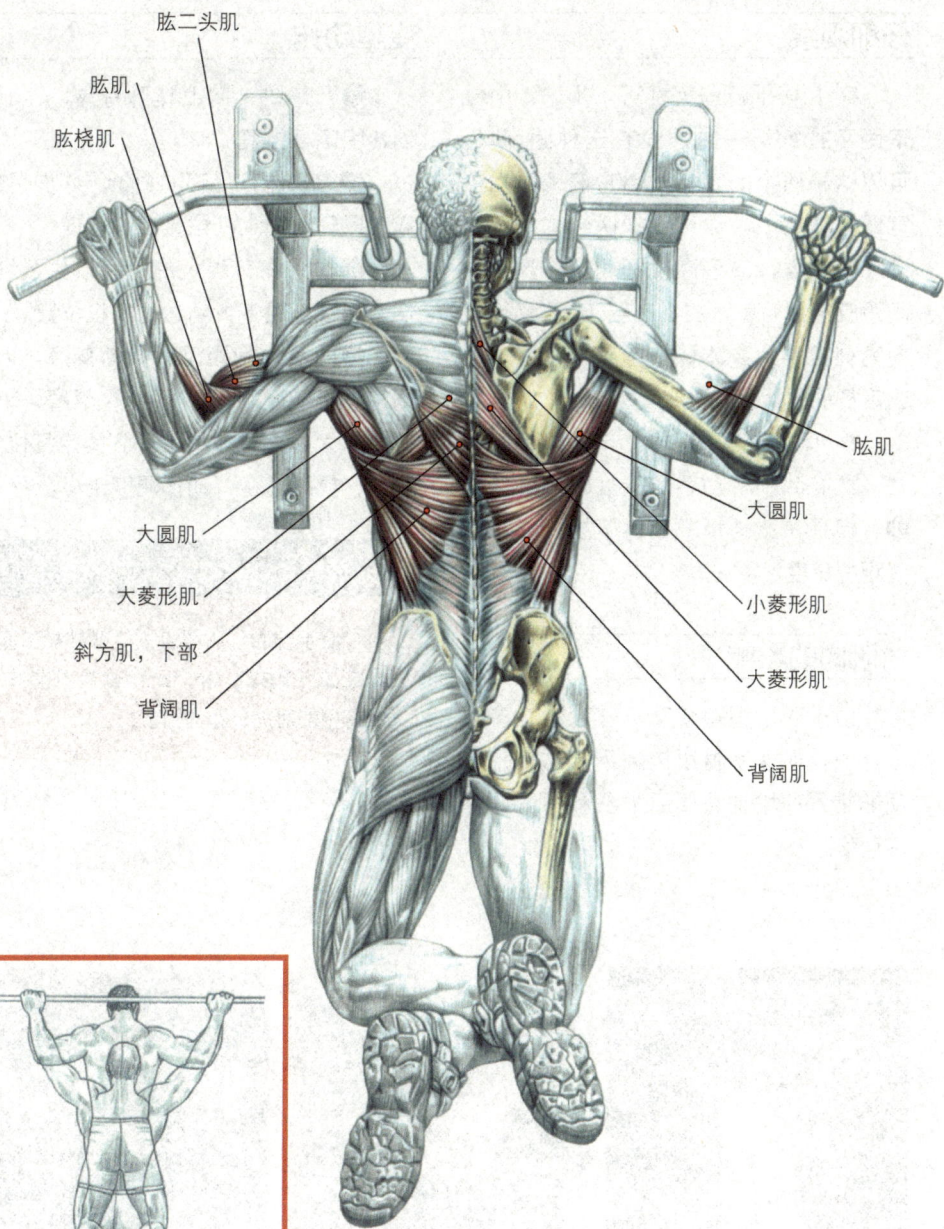

肱二头肌

肱肌

肱桡肌

大圆肌

大菱形肌

斜方肌，下部

背阔肌

肱肌

大圆肌

小菱形肌

大菱形肌

背阔肌

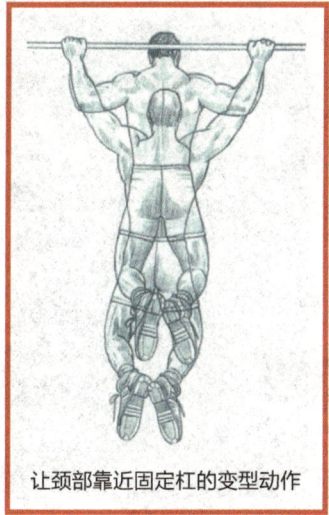

让颈部靠近固定杠的变型动作

仔细观察

✪ 某些平行固定杠可以用来做中位宽距下拉练习。如果没有这种固定杠，可以购买两个固定杠，用它们来做中位宽距引体向上。你可以把两个固定杠安装在走廊里，二者高度相同。固定杠的间距应该约为肩宽的1.5倍。这样你可以向高处拉伸，身体保持笔直，免去一根固定杠的困扰。

✪ 有一些两段略微向下弯曲的下拉杠，这有助于增加手腕握杠时的舒适感❹。但是在这种情况下，下拉杠决定了握距的宽度。

对肌肉的影响

由于双手握距较宽，被调动较多的是背肌，而非手臂肌肉。因此这也是一项非常好的增加背阔肌力量和体积的练习动作。

变型动作

🅐开始时，向上提升身体，让额头到达固定杠位置。

🅑如果你有足够的力量，头向后仰，让下巴到达固定杠位置。

🅒如果你有强大的力量，头始终后仰，让颈部最下方到达固定杠位置。

🅓两手的间距可以不断变换，以找到最适合自己的姿态。握距越窄，动作幅度越大，这样才能上升到固定杠位置。相反，握距越宽，动作幅度越小。

⚠ 注意!

反手位时，不要尝试让颈部靠近固定杠这个动作。这个动作非常不自然，极有可能对关节造成伤害。

颈前还是颈后引体向上

　　宽握正手时，你可以选择做颈前或颈后引体向上（固定杠在颈前或颈后）。颈后引体向上难度更大，对肩关节的伤害也更大。

　　颈后引体向上对背阔肌的锻炼程度较小。相反，它更能调动斜方肌的中部和下部。做颈后引体向上时的力量更弱，因为它调动的肌肉从大块的背阔肌变成了体积较小的肌肉。

颈后引体向上双臂沿着身体　　　　　　　　　　　颈前引体向上双肘向后拉伸

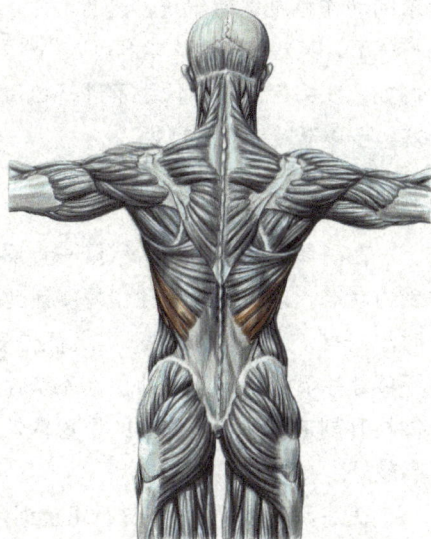

▲ 肘部沿着身体运动时，这个动作调动的主要是背阔肌的外束纤维，它锻炼的是背的宽度

▲ 为了让下巴到达固定杠位置，双肘要向后运动，这个动作调动的主要是背阔肌的上束和中束纤维。这个变型动作锻炼的是背的厚度

如同我们所看到的，每种不同的引体向上练习的幅度都是可以调整的。刚开始时，决定动作幅度的是你的力量。先选择最小的动作幅度，然后逐渐到其他更大的幅度，这很正常。但是如果力量不再是决定性因素时，如何聪明地选择适合自己的幅度？

不同幅度的优势

■ 部分幅度的优势

→ 无论在普通练习还是负重训练时，它们都能让你发挥出最好的运动表现；

→ 它们能够避免极端拉伸，减少手上风险。

但它们不太针对肩膀后部或斜方肌下部的小块肌肉。

■ 完整幅度的优势

→ 它们能够进行更完整的肌肉锻炼，因此比部分幅度的练习更能锻炼小块肌肉（肩膀后部、斜方肌中部等）；

→ 它们更适合竞技者，因为难度比较大。所有人都可以做部分幅度的练习，但完整幅度则针对更优秀的运动者。

完整幅度要求更轻的体重，受伤的风险也更高。

动作幅度应该根据你的目标进行调整

■ 目标：比赛和运动表现

你的锻炼幅度应该与比赛规定所要求的动作幅度保持一致。然而，为了保护关节，某些练习组的幅度可以小一些。例如，在练习过程中，为了进行负重锻炼，要逐渐减小动作幅度。

■ 锻炼和增强肌肉

在引体向上练习中，尽量一直保持受力状态，这也是为何动作幅度比比赛时小一些。身体不要下降到最低位置，不要让手臂完全伸直。即便你无法让身体拉升到最高位置，身体的位置依然越高越好。

在练习过程中，为了进行负重训练，收缩姿态可以放松一些。

▲ 下巴到达固定杠的引体向上

▲ 肩膀到达固定杠的引体向上

▲ 胸肌上部到达固定杠的引体向上

▲ 胸肌下部到达固定杠的引体向上

引体向上高阶变型动作

绳索或毛巾引体向上

目标肌肉

这项基本练习主要针对的是前臂、上臂以及背部肌肉。

谁适合做这个动作

这个动作针对想要提高抓握能力、增强前臂力量的人。

动作进行

✪ 把一条毛巾缠绕在固定杠上，然后双手中位（大拇指朝向身体），紧紧抓住毛巾。你可以根据自己觉得舒服的姿势，右手❶在上或左手在上均可。双腿向后抬起并交叉。

✪ 用手臂的力量把身体抬起，就像在拔河一样❷。一旦身体到达高位，慢慢下降，到达低位时，双臂也要保持半伸直状态。

对肌肉的影响

在这种引体向上练习中，前臂的作用比其他形式的练习更大。

⚠ 危险

务必注意，感到疲劳时，不要突然松手！

变型动作

Ⓐ用一根粗绳代替毛巾。刚开始时，粗绳末端打个结能够防止你下滑（也有一些专门用途的器材，例如下面照片中所使用的）。后来可以把结打开，增加对手腕的锻炼。

Ⓑ在单一支撑物上进行锻炼更能够锻炼抓握能力。

Ⓒ也可以使用两条毛巾或两根绳子，每只手一条。抓握能力的锻炼难度更大，双手间距可以自行调整。

突击队员引体向上

目标肌肉

这项基本练习针对的是肱肌、肱桡肌、背部肌肉、肱二头肌和前臂。

谁适合做这个动作

这个动作适合那些想练习中位引体向上、但只有一根直杠的人。

动作进行

✪ 双手处于中位（大拇指朝向身体），一前一后。两手要尽可能紧握❶。双腿向后抬起交叉。

✪ 用双臂将身体向上抬升，头先到达固定杠右边，然后是左边❷。身体到达高位之后，慢慢下降，身体到达低位时，双臂也要保持半伸直状态。

变型动作

Ⓐ身体不下降到低位，双臂折叠，只给头留出足够的空间，让它在固定杠的左右两侧转换，通过等长收缩和向心收缩混合的方式进行锻炼。

Ⓑ你可以选择在整组练习中，头都在固定杠右侧。在下一组练习中，头再换到固定杠左侧。

Ⓒ两手分开，保持一定间距，靠近头的手臂将会承受更多压力。如此可以为单臂引体向上做准备。

对肌肉的影响

这项练习更注重对手臂肌肉的锻炼，而非背部肌肉。

⚠ 危险

手臂和头一定要保持同步，防止头撞到固定杠。

宽握打字机引体向上

目标肌肉

这项基本练习首先针对的是手臂肌肉，然后是背部肌肉。

谁适合做这个动作

这个动作并没有看起来那么简单。推荐做宽握引体向上毫无压力的人来做此动作。

动作进行

✪ 正手位（大拇指相对）抓紧固定杠。两手间距约为肩宽的1.5倍。

✪ 主要用右臂力量把身体向上提升，让身体朝着右上方移动❶。然后让脸尽可能靠近右手❷。身体到达高位之后，回到中位，慢慢下降。

✪ 然后用左臂力量把身体重新向上提升，让身体朝着左上方移动❸。

变型动作

🅐开始时，试着用额头去碰手。当你可以轻易做到这一点之后，试着用鼻子去碰手。更困难的动作是用额头去碰手。

🅑整组动作都让身体朝右上方移动，而非左右交替。下一组练习中，让身体再朝左上方移动。

🅒身体不下降，一直保持在高位，手臂折叠，从右向左运动，以等长方式进行锻炼。

对肌肉的影响

这项练习更注重对手臂肌肉的锻炼，而非背部肌肉。这项练习的意义就是为单臂引体向上做准备。然而，这种变型动作比单臂引体向上更简单，因为对于产生动作的手臂而言，保持等长姿态的手臂减轻了部分身体重量。此外，这个动作的第二个优势在于它比单臂引体向上更加稳定。

仔细观察

双臂轮换提拉能够在不增加重物的条件下，增强一只手臂的承受力。

单臂引体向上

目标肌肉

这项基本练习主要针对手臂肌肉、腹肌以及背部肌肉。与其他形式的引体向上相比，它也能够以不同寻常的方式锻炼平衡感和肌肉控制力。

谁适合做这个动作

这是一个极其困难的动作，适合于体重很轻、拥有丰富经验的运动员。

动作进行

✪ 单手抓住固定杠❶。双腿向前抬起，让身体保持平衡，避免不恰当的摆动。

✪ 用一只手臂向上提升身体，让髋部尽量靠近肘部❷。让腹肌尤其是腹斜肌收缩用力，试着让身体蜷缩成胎儿的姿态，让肚脐碰到肘部。

✪ 身体到达高位之后，慢慢下降，手臂到达低位时也要保持半伸直状态。

变型动作

抓握固定杠的方式有三种：中位、正手位和反手位。理论上，中位的力量最强，正手位的力量最弱。但是要采用对你而言最自然的抓握方式。

进阶技巧

⭐ 如果无法用一只手臂提升身体，那么双腿以凳子为支撑，让自己处于蜷缩姿态，同时手臂折叠，让自己尽可能长时间保持这种姿态。

⭐ 当你习惯了这种等长练习之后，让身体从蜷缩姿态下降1到2厘米，然后再上升，练习的数量要尽可能多。

⭐ 为了增加这些微动作的幅度，空闲的那只手臂可以利用起来，你可以：

→ 用空闲的手抓住正在用力的手臂的手腕❸❹；

→ 用空闲的手抓住正在用力的手臂的肱二头肌❺❻；

→ 用空闲手的几根手指抓住固定杠；

→ 用空闲的手抓住旁边的支柱，以保持稳定性。

⭐ 随着不断进步，空闲的手要用得越来越少，同时逐渐增加动作的幅度。

⭐ 如果无法用一只手臂提升身体，可以用一只手臂来使用背肌锻炼器械❼。向下的动作幅度可以夸张一些，肘部尽量向后下方运动，充分锻炼动作的结束部分❽。这是那些要求头上升到特别高的位置的引体向上比赛中最难的一部分，双侧固定杠练习很难锻炼到这一部分。

⭐ 对于力量最强大的运动者而言，他们在锻炼时，另一只空闲的手可以持有重物。

对肌肉的影响

这项练习更注重对手臂肌肉的锻炼，而非背部肌肉。它对腹部肌肉的锻炼程度也增加许多倍。

⚠ 注意!

很少有人的两只手臂拥有同样的力量。例如，弗雷德里克·德拉威尔用左臂能做四个单臂引体向上，但右臂只能做两个。他的左臂能增加20千克重量，但右臂只能增加10千克。

⚠ 危险

在这项练习中，手臂如果完全伸直，肱二头肌手上的风险非常高。

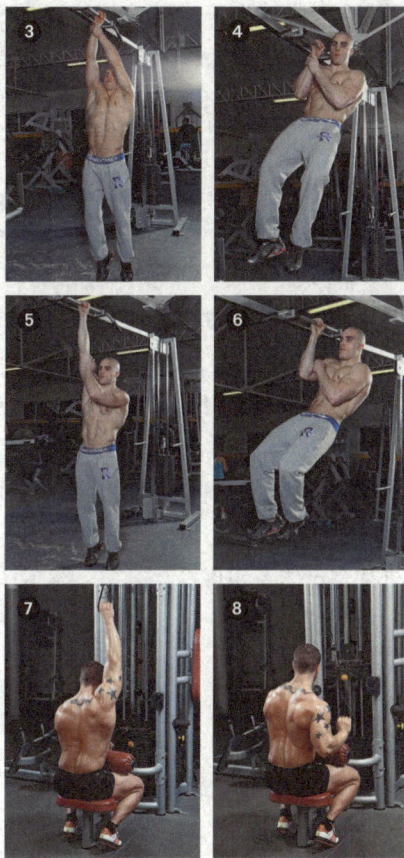

双力臂

目标肌肉

这项基本练习针对上身所有肌肉。

谁适合做这个动作

针对熟练掌握了中等握距、正手位引体向上并且渴望继续进行更高难度训练的运动者。

动作进行

双力臂的动作是从手臂伸直于头上方的悬挂姿势过渡到手臂伸直、双手位于髋部的姿势。它融合了引体向上和直身俯卧撑，所以动作幅度是传统引体向上的两倍。

一个双力臂动作被分成了六个阶段，这六个连续的阶段在完成时必须尽可能用力、流畅。

✪ **第一阶段/就位：** 正手位（大拇指朝内）抓住固定杠。两手间距与肩同宽❶。双腿最好伸直，所以固定杠的位置要够高。

✪ **第二阶段/开始：** 双腿跃起，向身体前方伸直，与上身呈75°角，让大腿产生尽可能大的爆发力。

双腿突然用力会让上身向后仰❷。这个阶段的目的是不借助于上身肌肉，尽量抬升身体。双腿的推动力让身体提升了高度，也让手臂和背部肌肉节省了同样多的力量，避免了同样多的疲劳。

双手不要阻碍身体的摇摆，也不要试着让身体直立，因为75°角会让身体远离固定杠❸。

✪ **第三阶段/引体向上：** 身体开始摆动，上身开始运动之后，立刻利用手臂的推动力来做传统的引体向上。在向上提升的过程中，借助双腿的蹬力，增加向上的冲刺力，仿佛你面前有一堵无形的墙❹。

双力臂中间阶段的目的是让胸肌甚至腹肌中部上升到固定杠所在位置❺，但手臂尽量不要折叠弯曲。

如果引体向上只让你的下巴或胸肌上部达到固定杠的位置，那么你就无法从引体向上过渡到推举这个阶段。

✪ **第四阶段/过渡：** 当胸肌下部几乎与固定杠同高时，双手微松（但不要完全放开），手腕翻转，原本向上的手指关节向前下方转动❻。做引体向上时的惯性越大，旋转就越简单。

✪ **第五阶段/推举：**当手指关节向地面翻转之后，头向前伸，超过固定杠，让上身从后向前翻转❼。随着肱三头肌、肩关节前部和胸肌的用力，手臂逐渐伸直❽。

✪ **第六阶段/下降：**伸直到达高位之后，手臂伸直，把身体稳定住，然后下降，不要太过阻碍身体的下降过程，目的是像秋千一样，积累惯性，为接下来的动作尽量减轻身体重量。

⚠ **危险**

低位时，手臂伸直然后弹跳有助于双力臂动作的连贯性，但过度弹跳会让肩关节韧带处于不利境地。因此手臂和背部肌肉必须保持一定的肌肉张力，保证弹跳的同时，关节能够受到保护。如果出现手指发麻的情况，这可能是手腕综合征的表现，最好咨询专科医生。

抓握固定杠

与传统的引体向上不同，大拇指与其他手指在同一侧，目的是防止手腕受伤（参见第90页，"引体向上进阶辅助练习"），降低过渡阶段手的翻转难度。大拇指和其他手指相对时，摩擦力会变大，为这个不好处理的动作阶段增加障碍。

同样也不要使用氧化镁和固定带，它们会导致手部摩擦力变大，大拇指和腕关节韧带受伤的风险会增加，韧带受伤会导致翻转无法进行。相反，可以使用光滑的手套，它们有利于手在固定杠表面的滑动。出于同样的原因，光滑的金属固定杠要高于覆盖了防滑橡胶的固定杠。

变型动作

Ⓐ两手间距可以有变化。

✪ **握距越窄**，动作幅度越大，这会增加难度。

✪ **握距越宽**，动作幅度越小。相反，超过一定握距之后，过渡阶段就几乎不能做到了。所以必须找到一个合适的折衷点，一个既可以减小动作幅度，又不会妨碍完成过渡阶段的间距。

Ⓑ身体的摆动程度也可以调整双力臂的难度和有效性。

✪ **为了强化肌肉发育的双力臂**：身体摆动处于最小幅度，目的是让锻炼者被迫提升整个身体负重。

✪ **比赛中的双力臂**：要充分利用身体摆动，利用钟摆效应，最大限度地利用体重来提升身体，当然这要在比赛规则的范围之内。

对肌肉的影响

双力臂与传统的引体向上不同，它对肱三头肌、肩膀和胸肌的调动程度要高得多。

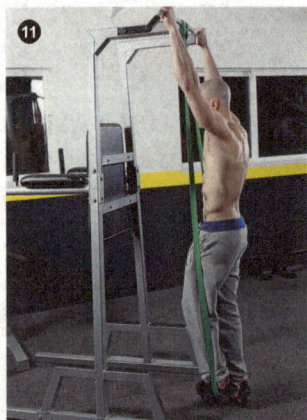

进阶技巧

✪ 如果做双力臂时没有足够的力量，用一根健身用的粗弹力带来减轻身体负重。把弹力带的一段系在固定杠上，双脚踩在弹力带形成的圆环上❶。弹力带可以抵消部分身体重量，让动作开始时达到最大速度❷，这有助于最棘手的过渡阶段的完成❸。

✪ 你也可以用固定杠做拉伸，双臂伸直❹。使用这种方式把笔直的身体尽量抬高。这种双力臂起始动作有助于学习使用身体的摆动，从而更好地确定位置。

✪ 如果你在手臂伸直的情况下无法做拉伸，那么可以在健身凳或高位滑轮上做直臂下拉，手臂伸直❺❻。

水平凳仰卧杠铃直臂上拉

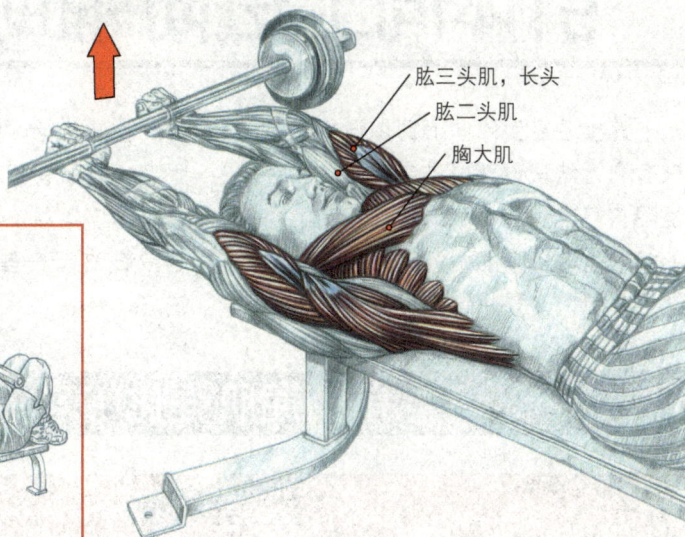

肱三头肌，长头
肱二头肌
胸大肌

动作的进行

做双力臂的有利因素

双力臂的技巧性很强，它更像是体操运动员而非以力量为目标的运动者的训练项目。

想要做出合格的双力臂，必须懂得利用手臂动作和身体摆动同时产生的推动力，让速度达到最快，让身体来到固定杠上方。

体操运动员和撑杆跳运动员擅长做双力臂，因为他们拥有精准的时间感，确切来说，他们懂得如何利用身体的下落、弹跳、翻转以及伴随产生的肌肉推动力。

对于不是体操运动员的人而言，必须具有一定的身体优势，这需要多加锻炼。

体重非常关键。对双力臂而言，肌肉重量会造成更大的障碍，因为肌肉太过沉重，无法提供足够的动力，所以双力臂冠军都是体重较轻的运动者。

适当的体重能够让身体产生动力十足的摆动。在过渡阶段，前臂可以更早地松开固定杠，得到休息。

较大的体重是一种不利条件，因为身体的摆动速度太慢，难以让身体推动到较高位置。前臂只能到过渡阶段后期才能微微松开固定杠，并且会因此而更加疲惫。

手臂越长，摆动起来越容易。运动者应该充分利用这一优势，抵消运动幅度的增加带来的不利因素。

引体向上进阶辅助练习

直接进行引体向上锻炼很重要，但只有它无法使你获得进步，还应该针对阻碍自己进步的每个缺陷进行专门的辅助练习。这些辅助练习针对的都是非常具体的肌肉，强化这些肌肉就是这些练习的首要目标。例如，如果我们在抓握固定杠方面有困难，就必须强化前臂来解决这个问题。你的运动水平越高，就越应该进行一些辅助练习来消灭这些缺陷。

前臂屈肌强化练习

反握弯举

目标肌肉

这项单独练习针对的是肱二头肌，但也能在不同程度上锻炼肱肌和肱桡肌。单侧练习能够锻炼力量较弱的一只手臂。

谁适合做这个动作

反握弯举能够增强反手引体向上所需的力量，也在不同程度上有助于在所有其他类型的引体向上锻炼方面取得进步。

动作进行

✪ 使用杠铃：反手（小指相对）抓紧杠铃（直杠或弯杠）❶。两手间距应当与做引体向上时相同。利用肱二头肌的力量让手臂向上折叠。把杠铃举到尽可能高的位置❷。试着让前臂尽量夹紧肱二头肌，将这个收缩姿态保持1秒钟❸。慢慢将杠铃放回低位，但手臂不要完全伸直。

✪ 使用哑铃：反手抓紧哑铃。利用肱二头肌的力量让手臂向上折叠。把哑铃举到尽可能高的位置❹。为了做到这一点，你可以微微抬高肘部，但是动作不要太过夸张。保持收缩姿态1秒钟。慢慢回到起始位置。

① ② ③ ④

　　使用哑铃时，你可以在做每个动作时翻转手腕，也可以让手保持反握姿态。选择你的手臂感觉最自然的方式。如果你选择的是反握姿态，那么手臂不要完全伸直，尤其是手握重物时，因为肱二头肌有撕裂的风险。如果你选择的是中位，那么手臂伸直时就不会有这个问题。

　　然而，我们不建议翻转手腕这个动作，它可能导致手腕出现某些病症。

哑铃前臂屈伸的三种方式

① 主要使用肱二头肌和肱肌进行锻炼
② 主要使用肱桡肌进行锻炼
③ 主要使用肱二头肌进行锻炼

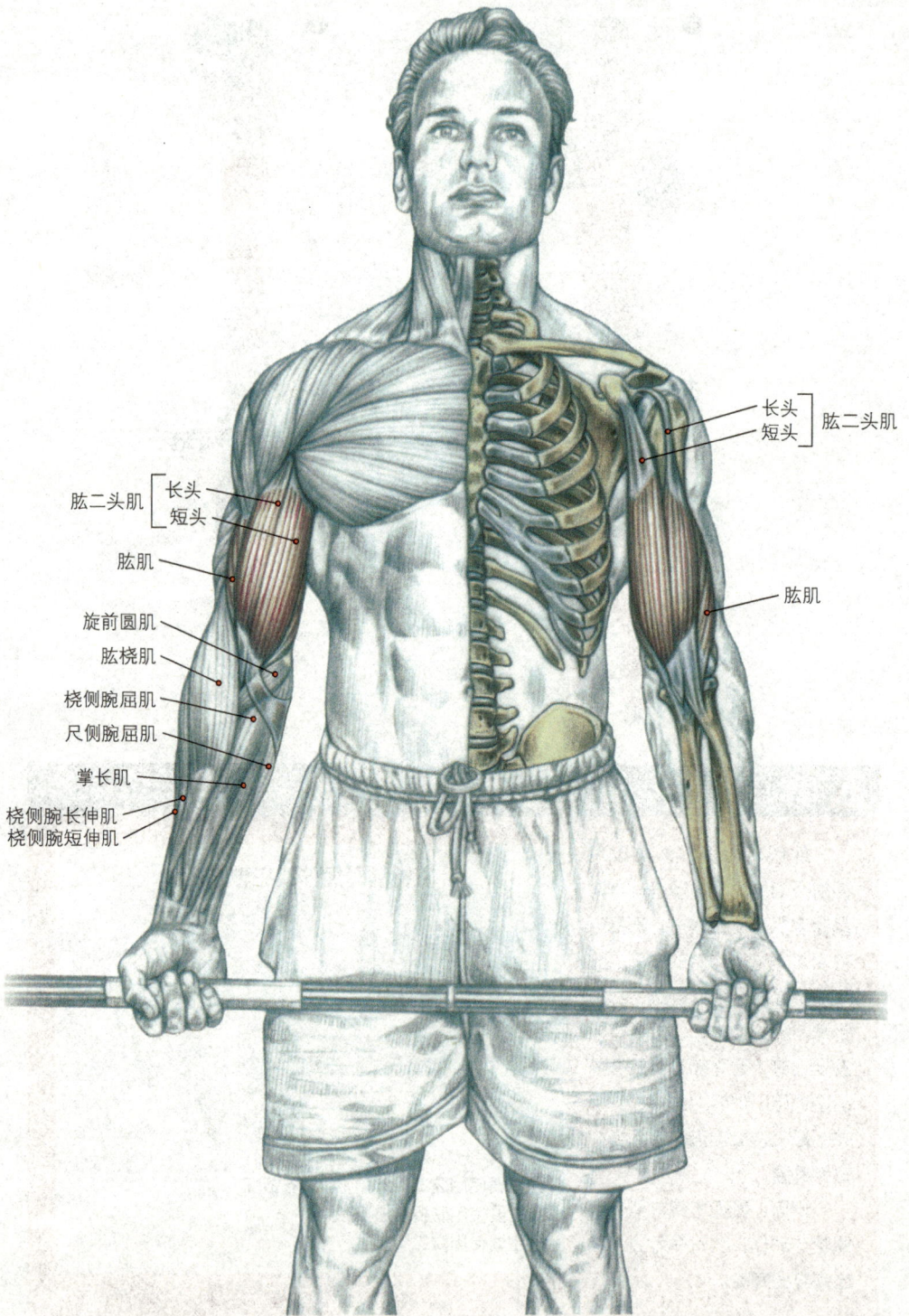

长头
短头] 肱二头肌

肱二头肌 [长头
短头

肱肌

肱肌

旋前圆肌

肱桡肌

桡侧腕屈肌

尺侧腕屈肌

掌长肌

桡侧腕长伸肌
桡侧腕短伸肌

变型动作

Ⓐ使用哑铃时，你可以选择锻炼一只手臂或同时锻炼两只手臂。我们建议同时锻炼两只手臂，因为做引体向上时肱二头肌就是这样用力的，当然单臂引体向上除外。

Ⓑ哑铃弯举可以采用坐姿或站姿，也可以锻炼开始时采用坐姿，让动作更加严格。锻炼快结束时，可以站起来偷个懒，多做几个。

▲ 双侧哑铃弯举

⚠ 危险

弯举比其他任何动作都更容易让人想偷懒。如果你为了增加重量或多做几个练习，让上身前后摇晃，节省力气，那么很有可能伤到背部。锻炼刚开始时可以背靠一堵墙，让自己用最严格的方式学习这个动作。

哑铃让手腕有了一定的自由度，这能够避免使用杠铃时突然出现的伤害。

▲ 单侧哑铃弯举

⊙除了普通的重物以外，还可以使用一根弹力带，增加动作结束时的阻力（引体向上的关键部分）。锻炼收尾时，松开弹力带，多做几个练习。

⊙为了让下巴轻松地到达固定杠位置，可以尝试单臂哑铃弯举。

◇**窍门：**为了加速两组练习之间的恢复速度，可以用手晃动另一只手臂的肱二头肌，帮助肌肉放松。你也可以做几个墙壁俯卧撑。

▶ 系弹力带的两种方法

▲ 使用弹力带的单侧哑铃弯举

◀ 使用弹力带的杠铃弯举

◀ 松开弹力带，多做几个弯举练习

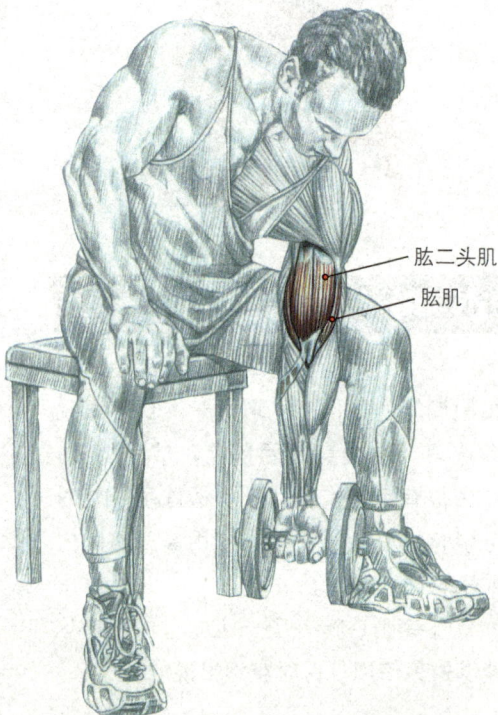

肱二头肌
肱肌

锤式弯举

目标肌肉

这项单独练习针对的是前臂所有屈肌，肱肌、肱桡肌和肱二头肌在锻炼中的调动程度依次递减。

谁适合做这个动作

锤式弯举能够增强中位引体向上所需要的力量，也在不同程度上有助于在所有其他类型的引体向上锻炼方面取得进步。

动作进行

✪ 双手中位（大拇指朝上）抓紧两个哑铃。

✪ 手臂向上折叠，大拇指始终朝上。把哑铃举到尽可能高的位置❶。为了做到这一点，你可以微微抬高肘部，但是动作不要太过夸张。

✪ 保持收缩姿态1秒钟。慢慢回到起始位置。

仔细观察

处于中位的手臂比反手位更有力，所以锤式弯举的重量可以比普通弯举更重一些，这很正常。

变型动作

🅐 你可以选择：

→ 两只手臂同时锻炼；

→ 两只手臂轮流抬起，交替锻炼；

→ 一整组都只锻炼一只手臂。

我们建议两只手臂同时进行收缩练习，因为做引体向上时屈肌就是这样用力的，当然单臂引体向上除外。

🅑 为了从各种角度来锻炼屈肌，你可以改变大拇指的方向：

→ 大拇指略微朝外，肱二头肌会参与到锻炼中来，这有利于反手引体向上方面的进步；

→ 大拇指略微朝内，肱桡肌被锻炼的程度会提高，这有利于正手引体向上方面的进步。

对肌肉的影响

锤式弯举对肌肉的锻炼能够预防前臂在引体向上过程中出现的疼痛。

⚠ 危险

✪ 不要为了举起过重的重物而过度减少动作幅度。

✪ 小心背部出现问题，尤其是重物恒定不变时。

动作的进行

肱二头肌
肱肌
肱桡肌

肱三头肌 外侧头
长头
内侧头

桡侧腕长伸肌

① A

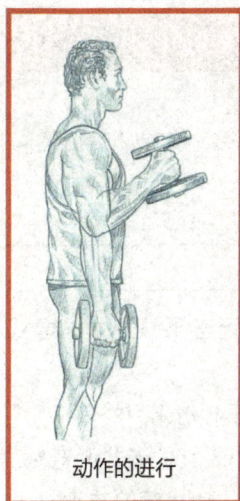

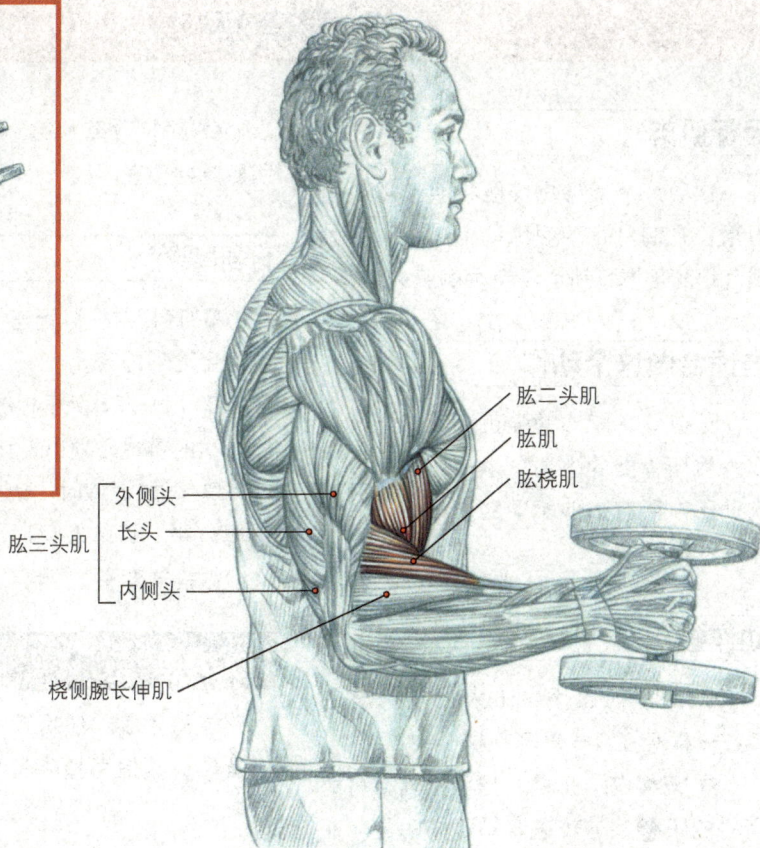

▲ 双臂交替变型动作

正握弯举

目标肌肉

这项练习能够增强肱桡肌和肱肌的力量，它们是正手引体向上过程中最大限度地利用惯性所必不可少的肌肉。

谁适合做这个动作

正握弯举能够增强正手引体向上和双力臂所需要的力量，也在不同程度上有助于在所有其他类型的引体向上锻炼方面取得进步。

动作进行

✪ 双手为正手位（大拇指相对），抓起一根弯杠或一对哑铃❶。

✪ 双臂向上折叠，把手抬到尽可能高的位置❷。与普通弯举不同的是，在这项练习中，双肘不要抬起，目的是为了让肱桡肌处于收缩状态。

✪ 保持收缩状态1秒钟，然后慢慢回到起始位置。

仔细观察

✪ 直杠对手腕而言不够舒服；弯杠更适合这项练习。

✪ 由于双臂处于相对无力的姿态，正握弯举的重量必须小于其他形式的弯举。

✪ 开始锻炼时，使用哑铃或弯杠做正握弯举；锻炼收尾时，手腕翻转，可继续做锤式弯举。

⚠ 危险

注意手腕：使用哑铃时，大拇指的位置要比其他手指略高❸，防止前臂过度弯曲。

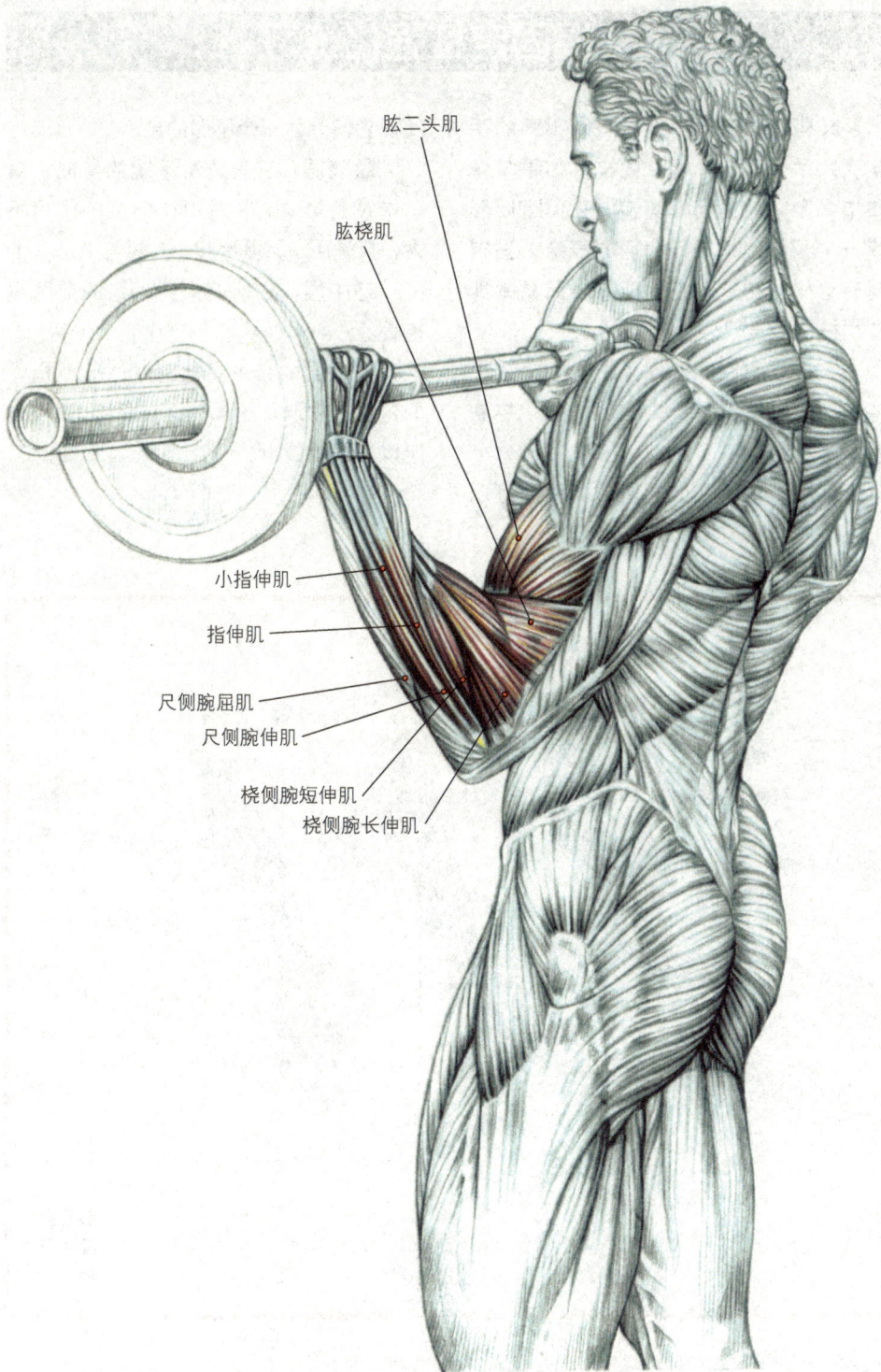

肱二头肌

肱桡肌

小指伸肌

指伸肌

尺侧腕屈肌

尺侧腕伸肌

桡侧腕短伸肌

桡侧腕长伸肌

抓握固定杠强化练习

某些运动者天生拥有与众不同的手腕。大手有利于抓握。同样，如果掌骨和指骨微微弯曲而非笔直，它们可以形成一个天然的钩子，我们的表亲大猩猩就有这样的构造，它们能够轻而易举地在树枝上悬挂很久。

但由于我们无法把手拉长或者让骨头变弯，唯一的解决方法就是强化控制手指的肌肉。

仔细观察手腕的屈肌群，我们可以发现它们分为三个不同的层次。

❶**表层：**它只负责手腕的弯曲，对手指没有影响。它对引体向上的作用不大，只是用来折叠手腕（参见第102页）。

❷**中层：**它能够折叠手指的前两根指骨。

❸**深层：**它主要控制最后一节指骨的弯曲。它涉及的都是比较纤细的肌肉，所以力量也最小。

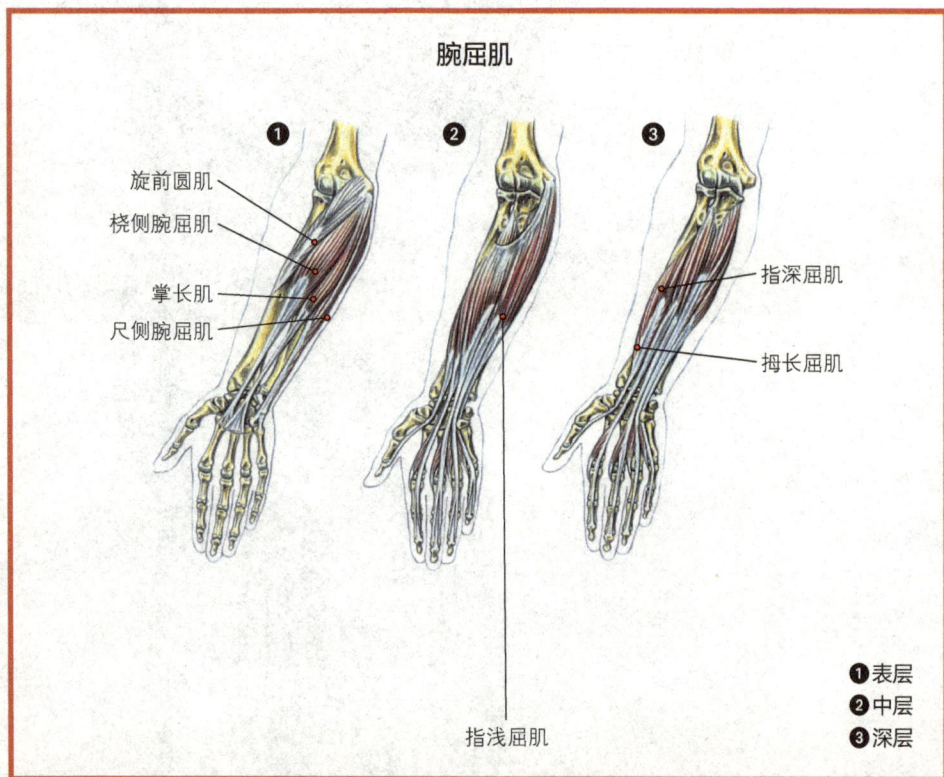

腕屈肌

❶ ❷ ❸

旋前圆肌
桡侧腕屈肌
掌长肌
尺侧腕屈肌

指深屈肌

拇长屈肌

指浅屈肌

❶表层
❷中层
❸深层

人类与大猩猩的上肢对比

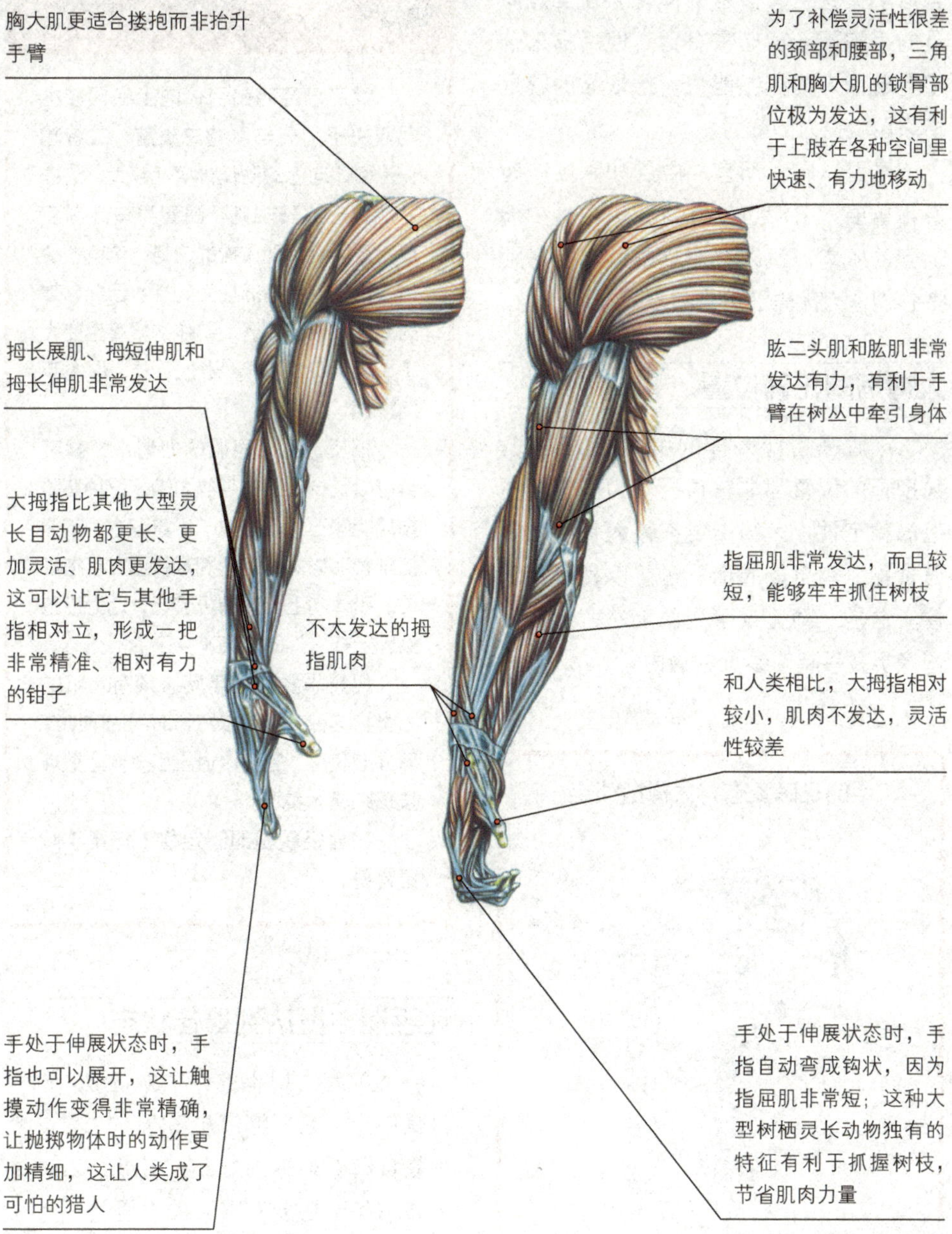

胸大肌更适合搂抱而非抬升手臂

为了补偿灵活性很差的颈部和腰部，三角肌和胸大肌的锁骨部位极为发达，这有利于上肢在各种空间里快速、有力地移动

拇长展肌、拇短伸肌和拇长伸肌非常发达

肱二头肌和肱肌非常发达有力，有利于手臂在树丛中牵引身体

大拇指比其他大型灵长目动物都更长、更加灵活、肌肉更发达，这可以让它与其他手指相对立，形成一把非常精准、相对有力的钳子

指屈肌非常发达，而且较短，能够牢牢抓住树枝

不太发达的拇指肌肉

和人类相比，大拇指相对较小，肌肉不发达，灵活性较差

手处于伸展状态时，手指也可以展开，这让触摸动作变得非常精确，让抛掷物体时的动作更加精细，这让人类成了可怕的猎人

手处于伸展状态时，手指自动弯成钩状，因为指屈肌非常短；这种大型树栖灵长动物独有的特征有利于抓握树枝，节省肌肉力量

不同肌肉层的力量的非同一性在攀岩运动员身上有很好的体现。这些运动员的手腕不一定非常有力，但手指末端却有着惊人的抓握能力，这依靠的就是指深屈肌强大的耐力。

对引体向上而言，中层和深层肌肉最为重要。它们也是健身练习中最少涉及到的肌肉，所以要想增加腕力，必须把它们作为优先锻炼的目标。

大拇指的正确位置

不管采用什么样的引体向上方式，大拇指的位置都非常重要。为了增加抓握的稳定性，大拇指要在最大程度上覆盖食指，有可能的话，也可以把中指压住。这是一种建议采用的姿态，除非你选择折叠手腕（参见右边内容）。

手的正确姿态，大拇指锁定

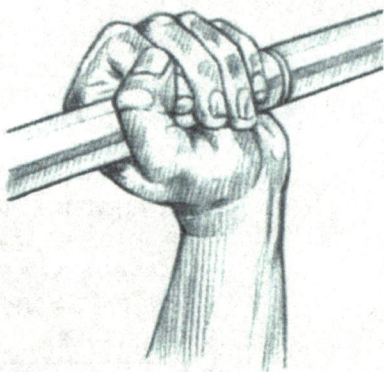

如何通过折叠手腕来减少动作幅度？

我们已经明白引体向上的幅度主要取决于前臂与手的总长度。二者越长，引体向上的动作幅度就越大，这样才能遵守比赛规则。随着身体逐渐疲惫，双手会出现放松的趋势，这就迫使你不得不用手指抓住固定杠。因此，你的力气不仅在减弱，动作的幅度也变大了，因为从某种意义上来看，你的手"变长了"。

相反，利用屈肌的力量来折叠手腕可以减少前臂与手的力矩。这种高阶技巧能够让固定杠位于手掌下方，不像初学者那样本能地把固定杠放在手指部位。引体向上会变得更容易，因为下巴到固定杠之间的距离减少了。

但是想要折叠手腕必须有足够的力量！这种力量要依靠长时间的辅助练习才能获得，它可以通过引体向上锻炼技巧来具体实现。

在直径较粗的固定杠上折叠手腕更容易。

让手指力量达到最佳状态

不考虑大拇指的话，力量最大的手指是中指，它能够产生32%的力量。然后是食指（30%的力量）、小指（22%的力量）和无名指（16%的力量）。

垂直悬挂

目标肌肉

这项单独练习针对的是腕屈肌，尤其是深层肌肉。

谁适合做这个动作

希望拥有可以经受任何挑战的抓握能力的人。

动作进行

✪ 双手为正手位（大拇指相对），悬挂在固定杠上，双臂伸直❶，选择自己最舒适的双臂间距。双手慢慢张开，但不要松开固定杠❷。

✪ 悬挂5分钟之后，利用手指力量慢慢上升，双手闭合。保持收缩状态5秒钟，然后再慢慢张开双手。

仔细观察

即便你没有力气再张开双手，但你肯定还有力气依靠紧握的双手在固定杠上再悬挂十几秒。

❶

❷

103

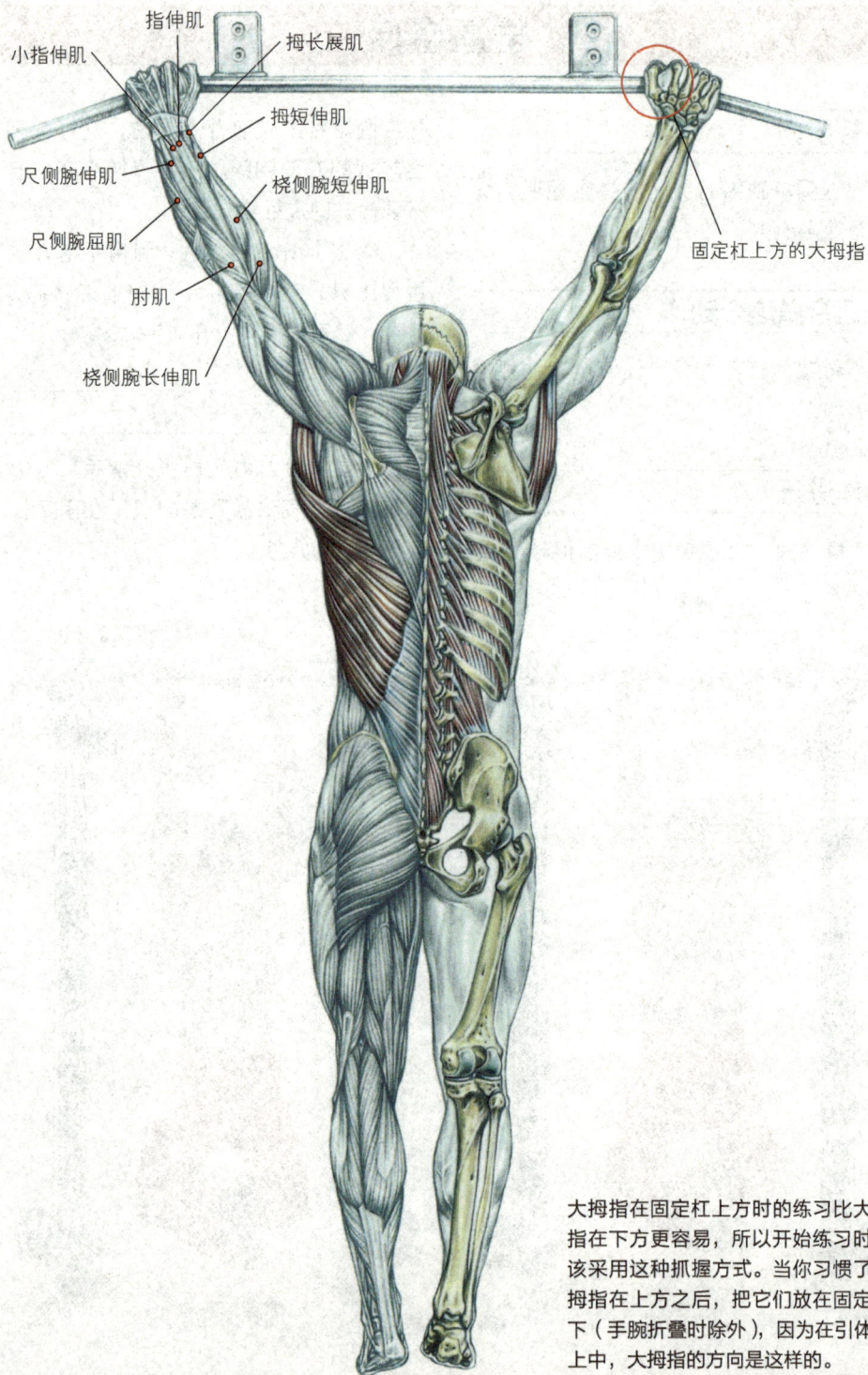

指伸肌

小指伸肌

拇长展肌

拇短伸肌

尺侧腕伸肌

桡侧腕短伸肌

尺侧腕屈肌

肘肌

桡侧腕长伸肌

固定杠上方的大拇指

大拇指在固定杠上方时的练习比大拇指在下方更容易，所以开始练习时应该采用这种抓握方式。当你习惯了大拇指在上方之后，把它们放在固定杠下（手腕折叠时除外），因为在引体向上中，大拇指的方向是这样的。

变型动作

Ⓐ 如果张开双手有困难，可以把一只脚甚至两只脚放在地面或一张凳子上，减轻身体重量。

Ⓑ 如果练习变得太容易，可以进行单侧训练，即使用一只手来悬挂。另一只手臂在一侧起稳定作用。

Ⓒ 为了减少引体向上的幅度，手指不要伸开，利用屈肌的力量让身体向上移动几厘米。手指牢牢抓紧固定杠，大拇指和其他手指在同侧。尽量长时间保持这个姿态，然后手腕慢慢伸直。

Ⓓ 你可以把手指闭合和手腕折叠结合起来。手指闭合之后，利用手腕折叠让身体上升。将这个姿态保持几秒钟，然后手腕伸直，双手再次打开。

Ⓔ 如果动作变得太容易，可以进行负重练习！

Ⓕ 如果你的手指太小，导致双手无法张开，那么可以使用举重杠来做这项练习，手臂沿着身体一侧，手指末端抓杠，然后双手打开和闭合。

▲ 用专门用途的器械来做这个动作，正手位

⚠ 危险

注意手指不要突然伸直，防止手部出现病症。如果身体比较疲惫，双脚可以靠近地面，防止突然跌落或者无意间松开固定杠。

▲ 用专门用途的器械来做这个动作，反手位

肱三头肌力量屈伸

目标肌肉

这项基本练习针对的是肱三头肌和背肌，锻炼的是双力臂的关键部分，即从提拉阶段到推举阶段的过渡动作。

谁适合做这个动作

肱三头肌臂屈伸能够增强双力臂的过渡阶段所需的力量，也在不同程度上有助于在所有其他类型的引体向上锻炼方面取得进步。

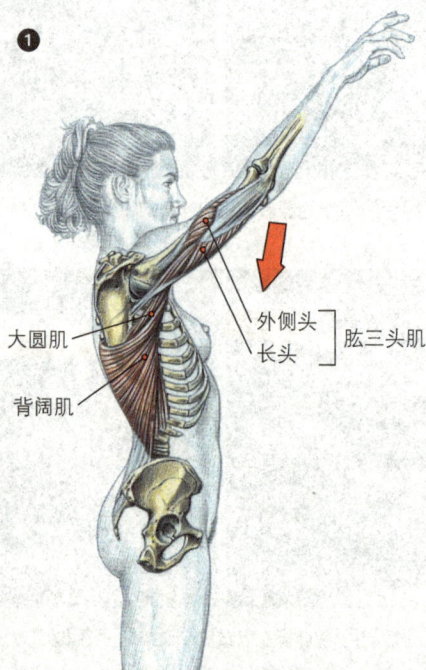

❶

大圆肌

背阔肌

外侧头
长头 ｝肱三头肌

动作进行

✪ 把练习肱三头肌的杠铃系在高位滑轮上。注视着器械，使用肱三头肌的力量向下拉杠铃。与要求双臂贴着身体的普通肱三头肌屈伸不同，上臂要抬起来，双臂要呈一条直线。

✪ 杠铃要上升到与下巴平行的位置，而非胸肌下部。在伸展阶段的最后，双臂几乎与地面平行❶。

✪ 动作具有爆发性时，背部肌肉和肱三头肌共同配合，把杠铃拉到腰带部位。

仔细观察

由于这项练习具有爆发性，肱三头肌下拉器械的重量有可能不够大，所以背肌滑轮下拉更好。

⚠ **注意!**

重物重量较大时，双脚很难保持在地面上。在这种情况下，一只脚可以放在一个比较重的哑铃下。

⚠ **危险**

✪ 注意不要弓背。

✪ 注意不要划伤面部，因为绳索距离头部不远。

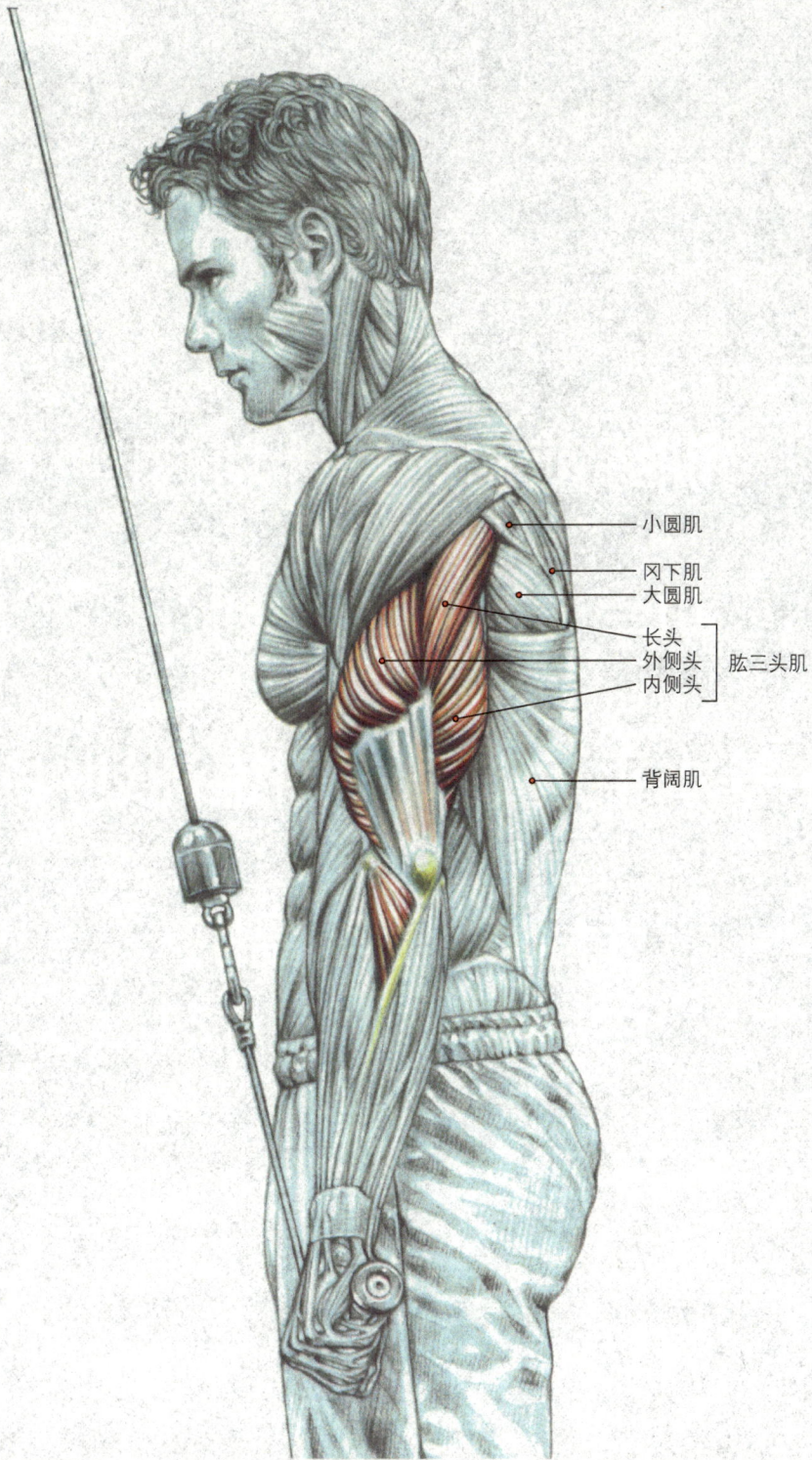

小圆肌

冈下肌

大圆肌

长头
外侧头   肱三头肌
内侧头

背阔肌

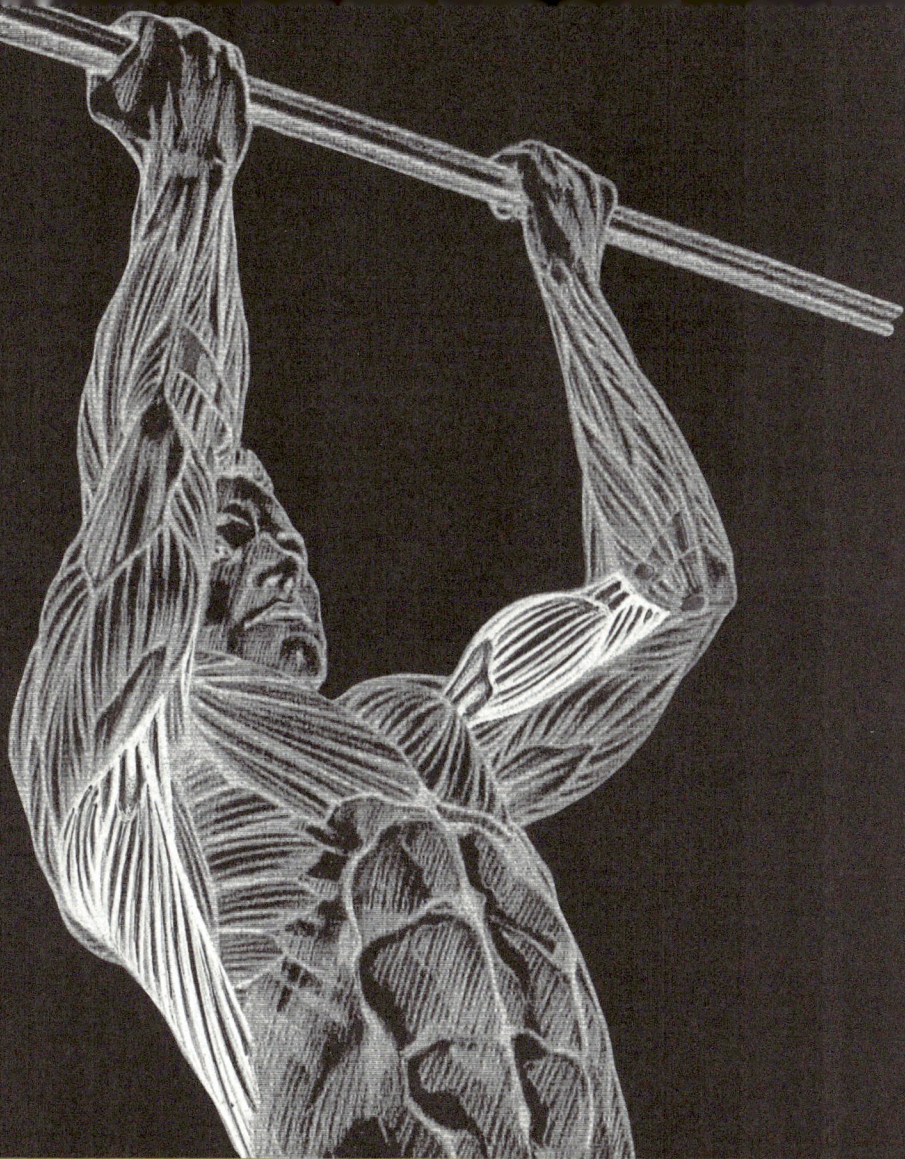

引体向上训练计划

训练前的热身计划

你在引体向上方面取得的进步越大，热身也就更加重要。刚开始时选择最低程度的热身，然后根据你的训练程度选择更加完整的热身练习。

最低程度热身

✪ 双脚以凳子 1 、椅子或地面 2 为支撑，这样能减轻约一半的负重。用这种方式做20个引体向上。

✪ 以站姿侧平举 1 作为锻炼的开始，如果可能的话，可以略微增加一些重量（每只手几千克），做20到30次，让肩关节和冈上肌得以热身。

✪ 动作立刻转变为俯身侧平举 2，做20到30次，让肩膀和背部得以热身。

✪ 随后是交替进行的肱二头肌 3、肱三头肌 4 和背部肌肉 5 拉伸。

✪ 最后做20次最低程度热身中的练习 6。

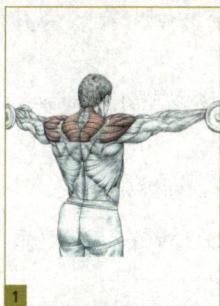

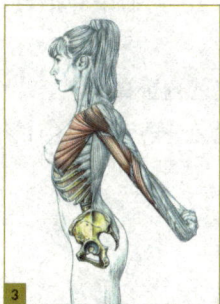

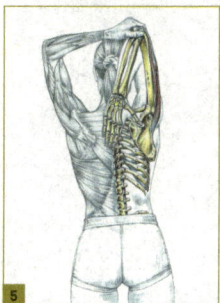

✪ 以站姿侧平举 1 作为锻炼的开始，做20到30个。

✪ 动作立刻转变为肱二头肌弯举 2（15到20个）。

✪ 接着做20个俯身侧平举 3。

✪ 随后是交替进行的肱二头肌 4、背部肌肉 5 和前臂拉伸。

✪ 使用弹力带做20到30个外展动作 6。

✪ 然后做20个墙壁俯卧撑 7。

✪ 最后做20次最低程度热身中的练习 8。

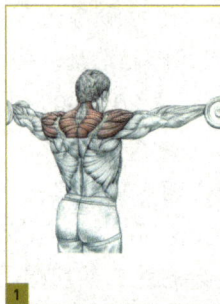

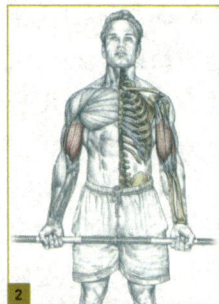

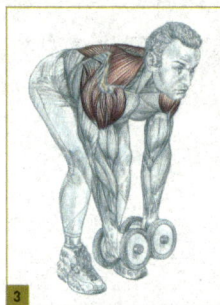

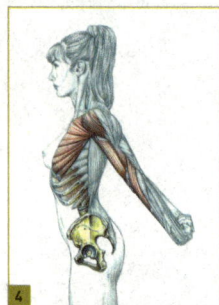

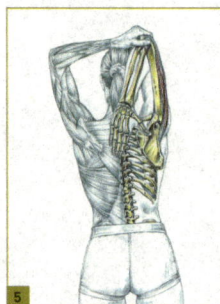

初学者的训练计划

针对一个引体向上都无法完成的初学者的训练计划

选择一种你感觉自己力量最强大或者至少是最舒服的引体向上，然后执行这些计划。

每周一次

1. 部分引体向上，高位做等长或几乎等长的动作（第60页），2组。
2. 引体向上，双脚着地或放在凳子上。（第32页），2组。
3. 负向引体向上（第33页），1组。

每周两次

第一次

1. 引体向上，双脚着地或放在凳子上。（第32页），3组。
2. 负向引体向上（第33页），2组。

第二次

3. 部分引体向上，高位做等长或几乎等长的动作（第60页），3组。
4. 负向引体向上（第33页），2组。

这样的计划进行1到2周之后，你自己就可以做几个引体向上了。但还需要过一段时间才能试试更难的训练。

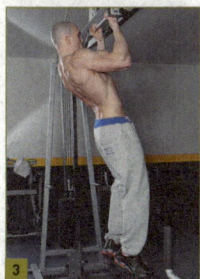

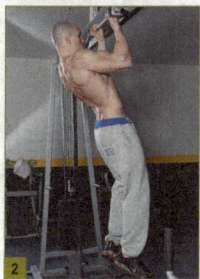

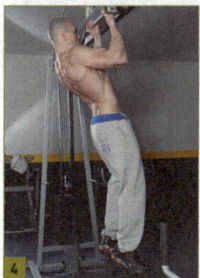

每周一次

1 窄握反手固定杠引体向上（第62页）

利用自身体重做4组，次数尽可能多。每组结束时再多做3到5个强迫练习，双脚着地或放在凳子上。

2 负向引体向上（第33页）

利用自身体重做1组，次数尽可能多。该组结束时再多做5到6个负向引体向上。

每周两次

第一次

1 窄握反手固定杠引体向上（第62页）

利用自身体重做4组，次数尽可能多。每组结束时再多做3到5个强迫练习，双脚着地或放在凳子上。

2 负向引体向上（第33页）

利用自身体重做1组，次数尽可能多。该组结束时再多做5到6个负向引体向上。

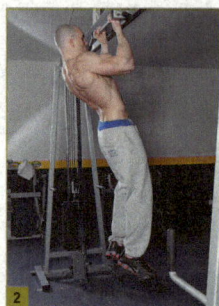

第二次

3 窄握反手固定杠引体向上（第62页）

利用自身体重做3组，次数尽可能多。每组结束时像第一次锻炼一样，再多做3到5个强迫练习。

4 部分引体向上，高位做等长或几乎等长的动作（第60页），2组。

中等水平运动员的训练计划

这是一些针对至少能做8个引体向上的运动员的计划。从这里开始，锻炼计划根据每个人不同的目标而有所变化。

适用于所有训练计划的通用准则

✪ **准则1**：对于固定练习数量的金字塔式训练组而言，例如20到15个引体向上，开始时采用让自己能做20个引体向上的重量，然后在接下来的练习中，逐渐增加负重，让引体向上的数量逐渐减少到15个左右。

✪ **准则2**：如果你超过引体向上指定数量（例如增肌计划中超过12个时，或者塑形计划中超过20个时），为自己增加负重或者使用弹力带。

成为引体向上达人

选择你要参加的比赛所要求的引体向上类型，然后实施这些计划。

每周两次

第一次

1 **窄握反手固定杠引体向上**（第62页）
利用自身体重做5组，次数尽可能多。

2 **弯举，双手方向与引体向上相同**（反手弯举对反手引体向上，中位弯举对中位引体向上，等等）（第90页）
2组，每组20到15个。

3 **垂直悬挂**（第103页）
1组，每组30到20个。

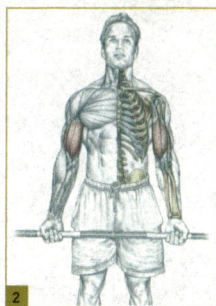

第二次

4 窄握反手固定杠引体向上（第62页）

利用自身体重做4组，次数尽可能多。

5 弯举，双手方向与引体向上相同（第
90页）

3组，每组20到15个。

6 垂直悬挂（第103页）

1组，每组30到20个。

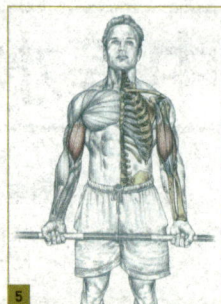

每周三次

第一次

1 **窄握反手固定杠引体向上**（第62页）

利用自身体重做4组，次数尽可能多。

2 **弯举，双手方向与引体向上相同**（第90页）

2组，每组20到15个。

3 **垂直悬挂**（第103页）

2组，每组30到20个。

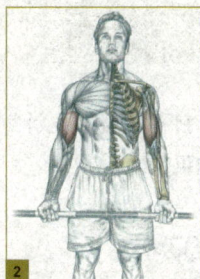

第二次

4 **窄握反手固定杠引体向上**（第62页）

利用自身体重做3组，次数尽可能多。

5 **弯举，双手方向与引体向上相同**（第90页）

3组，每组20到15个。

6 **垂直悬挂**（第103页）

2组，每组30到20个。

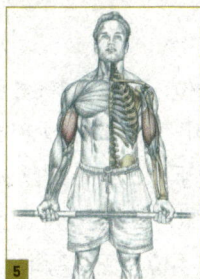

第三次

7 **窄握反手固定杠引体向上**（第62页）

利用自身体重做5组，次数尽可能多。

8 **垂直悬挂**（第103页）

3组，每组30到20个。

自我雕琢强健体魄

　　针对这些健身计划，你要做的引体向上的类型要不断变化，才能最大限度地锻炼不同的肌肉。

每周两次

第一次

1 窄握反手固定杠引体向上（第62页）

　　5组，每组15到20个。

2 中位，弯举（第96页）

　　1组，15到20个。

3 正手位，正握弯举（第98页）

　　2组，每组15到20个。

第二次

4 中位，弯举（第96页）

　　5组，每组15到20个。

5 反手位，弯举（第90页）

　　2组，每组20到15个。

6 正手位，正握弯举（第98页）

　　1组，15到20个。

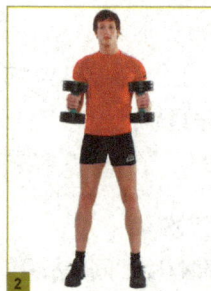

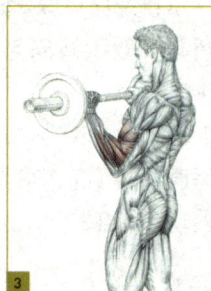

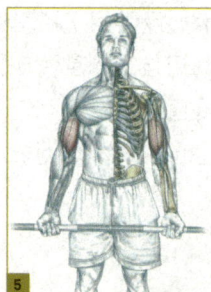

每周三次

第一次

1 窄握反手固定杠引体向上（第62页）

　　3组，每组15到20个。

2 中位，弯举（第96页）

　　3组，15到20个。

3 正手位，正握弯举（第98页）

　　1组，每组15到20个。

第二次

4 中位引体向上（第66页）

　　3组，每组15到20个。

5 反手位，弯举（第90页）

　　2组，每组15到20个。

6 正手位，正握弯举（第98页）

　　2组，每组15到20个。

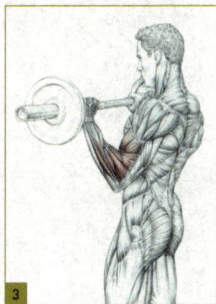

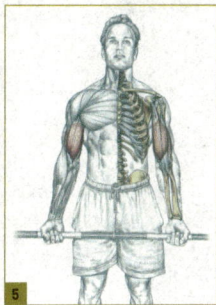

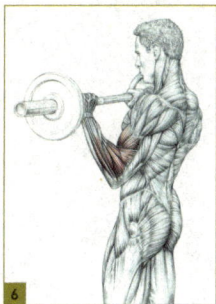

第三次

7 窄握正手引体向上（第68页）

3组，每组15到20个。

8 反手位，弯举（第90页）

2组，每组20到15个。

9 垂直悬挂（第103页）

2组，每组30到20个。

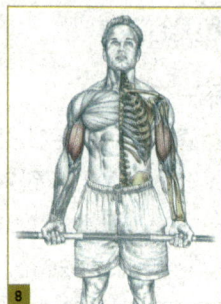

最大限度锻炼肌肉

针对这些锻炼计划，我们建议进行宽握正手引体向上，最大程度上锻炼背部肌肉。
相反，如果你特别希望增加手臂肌肉，可以选择窄握反手引体向上。

每周两次，锻炼背部肌肉

第一次

1 宽握正手引体向上（第70页）

5组，每组8到12个。

2 中位，弯举（第96页）

2组，每组8到12个。

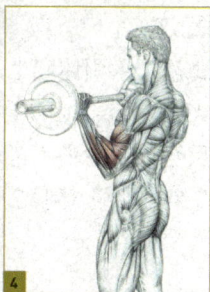

第二次

3 宽握正手引体向上（第70页）

5组，每组8到12个。

4 正手位，正握弯举（第98页）

2组，每组8到12个。

每周两次，锻炼手臂肌肉

第一次

1 窄握反手固定杠引体向上（第62页）

5组，每组8到12个。

2 中位，弯举（第96页）

2组，每组8到12个。

第二次

3 窄握反手固定杠引体向上（第62页）

5组，每组8到12个。

4 中位，弯举（第96页）

2组，每组8到12个。

每周三次，锻炼背部肌肉

第一次

1 宽握正手引体向上（第70页）

4组，每组8到12个。

2 中位，弯举（第96页）

3组，每组8到12个。

第二次

3 宽握正手引体向上（第70页）

4组，每组8到12个。

4 正手位，正握弯举（第98页）

3组，每组8到12个。

第三次

5 宽握正手引体向上（第70页）

4组，每组8到12个。

6 反手位，弯举（第90页）

3组，每组8到12个。

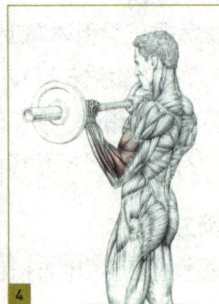

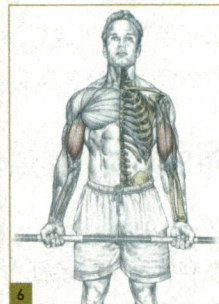

每周三次，锻炼手臂肌肉

第一次

1 窄握反手固定杠引体向上（第62页）

　5组，每组8到12个。

2 反手位，弯举（第90页）

　2组，每组8到12个。

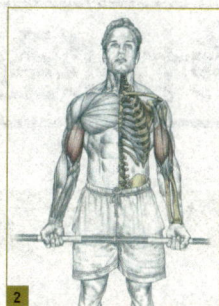

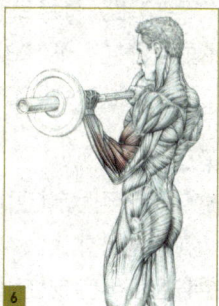

第二次

3 窄握反手固定杠引体向上（第62页）

　5组，每组8到12个。

4 中位，弯举（第96页）

　2组，每组8到12个。

第三次

5 窄握反手固定杠引体向上（第62页）

　5组，每组8到12个。

6 正手位，正握弯举（第98页）

　2组，每组8到12个。

针对经验丰富的运动员的计划

成为引体向上达人

每周三次

第一次

1 负重几千克的引体向上（第37页）

4到5组，数量尽可能多。

2 窄握反手固定杠引体向上（第62页）

利用自身体重做1组，次数尽可能多。

3 反手位，弯举（第90页）

2到3组，每组20到15个。

4 垂直悬挂（第103页）

2到3组，每组30到20个。

第二次

5 窄握反手固定杠引体向上（第62页）

利用自身体重做4组，次数尽可能多。

6 窄握反手固定杠引体向上（第62页）

利用阻力较小的弹力带增加重量，做2组，次数尽可能多。

7 反手位，弯举（第90页）

2到3组，每组20到15个。

8 垂直悬挂（第103页）

2到3组，每组30到20个。

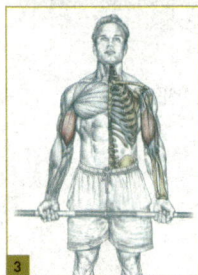

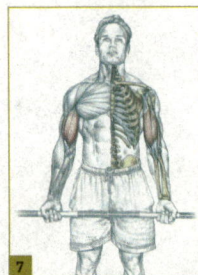

第三次

9 窄握反手固定杠引体向上（第62页）

利用自身体重做4组部分引体向上，尽可能保持在引体向上的高位，次数尽可能多。

10 窄握反手固定杠引体向上（第62页）

利用自身体重做2组完整引体向上，次数尽可能多。

11 反手位，弯举（第90页）

2到3组，每组20到15个。

12 垂直悬挂（第103页）

2到3组，每组30到20个。

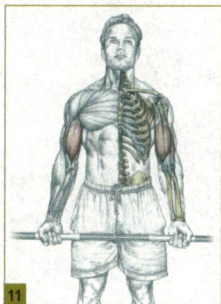

每周四次

第一次

1 窄握反手固定杠引体向上（第62页）

4到5组负重几千克的引体向上，次数尽可能多。

2 窄握反手固定杠引体向上（第62页）

1组利用自身体重的引体向上，次数尽可能多。

3 反手位，弯举（第90页）

2到3组，每组20到15个。

4 垂直悬挂（第103页）

2到3组，每组30到20个。

第二次

5 窄握反手固定杠引体向上（第62页）

4组利用自身体重的引体向上，次数尽可能多。

6 窄握反手固定杠引体向上（第62页）

利用阻力较小的弹力带增加重量，做2组，次数尽可能多。

7 反手位，弯举（第90页）

2到3组，每组20到15个。

8 垂直悬挂（第103页）

2到3组，每组30到20个。

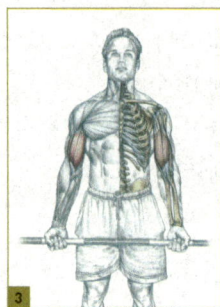

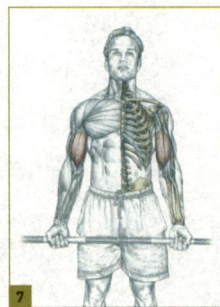

第三次

9 **窄握反手固定杠引体向上**（第62页）

利用自身体重做4组部分引体向上，尽可能保持在引体向上的高位，次数尽可能多。

10 **窄握反手固定杠引体向上**（第62页）

利用自身体重做2组完整引体向上，次数尽可能多。

11 **反手位，弯举**（第90页）

2到3组，每组20到15个。

12 **垂直悬挂**（第103页）

2到3组，每组30到20个。

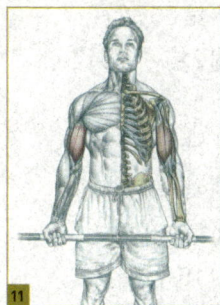

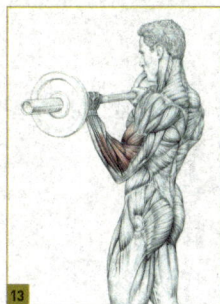

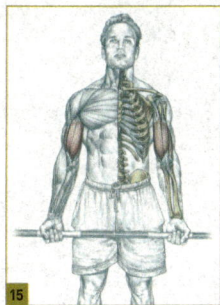

第四次

13 **正手位，正握弯举**（第98页）

2到3组，每组20到15个。

14 **中位，弯举**（第96页）

2到3组，每组20到15个。

15 **反手位，弯举**（第90页）

2到3组，每组20到15个。

16 **垂直悬挂**（第103页）

3组，每组30到20个。

成为双力臂达人

每周三次

第一次

1 双力臂（第84页）

　　4组，每组数量尽可能多。

2 窄握正手引体向上（第68页）

　　利用自身体重做1到2组，每组数量尽可能多。

3 肱三头肌力量屈伸（第106页）

　　2到3组，每组20到15个。

4 正手位，正握弯举（第98页）

　　2到3组，每组20到15个。

第二次

5 窄握正手引体向上（第68页）

　　负重做4组，每组数量尽可能多。

6 肱三头肌力量屈伸（第106页）

　　2到3组，每组20到15个。

7 正手位，正握弯举（第98页）

　　2到3组，每组20到15个。

8 垂直悬挂（第103页）

　　2到3组，每组30到20个。

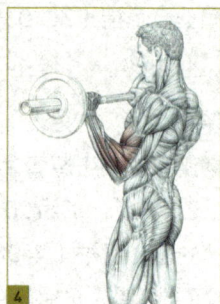

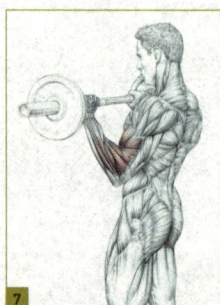

第三次

9 双力臂（第84页）

　　4组，每组数量尽可能多。

10 肱三头肌力量屈伸（第106页）

　　2到3组，每组20到15个。

11 正手位，正握弯举（第98页）

　　2到3组，每组20到15个。

12 垂直悬挂（第103页）

　　2到3组，每组30到20个。

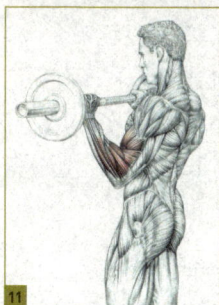

每周四次

第一次

1️⃣ **双力臂**（第84页）

4组，每组数量尽可能多。

2️⃣ **窄握正手引体向上**（第68页）

利用自身体重做1到2组，每组数量尽可能多。

3️⃣ **肱三头肌力量屈伸**（第106页）

2到3组，每组20到15个。

4️⃣ **正手位，正握弯举**（第98页）

2到3组，每组20到15个。

第二次

5️⃣ **窄握正手引体向上**（第68页）

小重量负重做4组，每组数量尽可能多。

6️⃣ **肱三头肌力量屈伸**（第106页）

2到3组，每组20到15个。

7️⃣ **正手位，正握弯举**（第98页）

2到3组，每组20到15个。

8️⃣ **垂直悬挂**（第103页）

2到3组，每组30到20个。

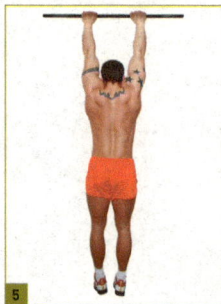

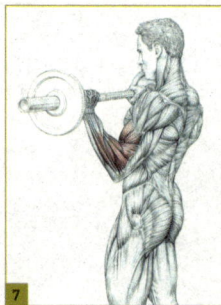

第三次

9 双力臂（第84页）

　　4组，每组数量尽可能多。

10 肱三头肌力量屈伸（第106页）

　　2到3组，每组20到15个。

11 中位，弯举（第96页）

　　2到3组，每组20到15个。

12 垂直悬挂（第103页）

　　2到3组，每组30到20个。

第四次

13 窄握正手引体向上（第68页）

　　使用一根小弹力带做4组负重引体向上，
　　每组数量尽可能多。

14 正手位，正握弯举（第98页）

　　2到3组，每组20到15个。

15 肱三头肌力量屈伸（第106页）

　　2到3组，每组20到15个。

16 垂直悬挂（第103页）

　　2到3组，每组30到20个。

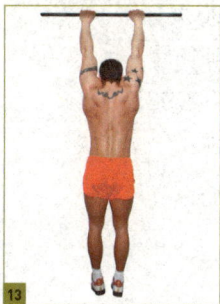

每周三次

第一次

1 窄握反手固定杠引体向上（第62页）

　　5组，每组15到20个。

2 中位，弯举（第96页）

　　3到4组，每组15到20个。

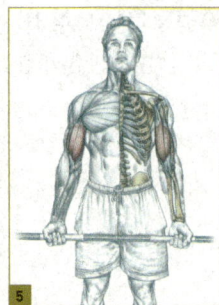

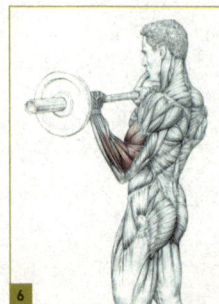

3 正手位，正握弯举（第98页）

　　1到3组，每组15到20个。

第二次

4 中位固定杠引体向上（第66页）

　　4到5组，每组15到20个。

5 反手位，弯举（第90页）

　　2到3组，每组20到15个。

6 正手位，正握弯举（第98页）

　　3到4组，每组15到20个。

第三次

7 窄握正手固定杠引体向上（第68页）

  3到4组，每组15到20个。

8 反手位，弯举（第90页）

  3到4组，每组20到15个。

9 垂直悬挂（第103页）

  3到4组，每组30到20个。

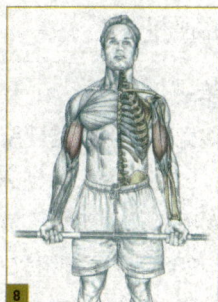

每周四次

第一次

1 宽握正手固定杠引体向上（第70页）

5组，每组15到20个。

2 反手位，弯举（第90页）

2到3组，每组20到15个。

3 垂直悬挂（第103页）

2到3组，每组30到20个。

第二次

4 窄握反手固定杠引体向上（第62页）

4组反手引体向上，每组15到20个。

5 中位，弯举（第96个）

3组，每组15到20个。

6 正手位，正握弯举（第98页）

2到4组，每组15到20个。

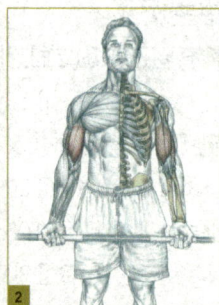

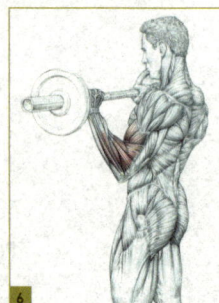

第三次

7 窄握正手固定杠引体向上（第68页）

3组，每组15到20个。

8 反手位，弯举（第90页）

3到4组，每组20到15个。

9 垂直悬挂（第103页）

3到4组，每组30到20个。

第四次

10 中位固定杠引体向上（第66页）

5组，每组15到20个。

11 反手位，弯举（第90页）

2到3组，每组20到15个。

12 正手位，正握弯举（第98页）

2到3组，每组15到20个。

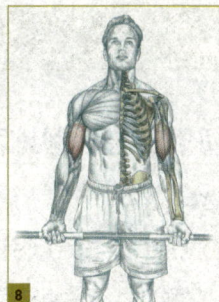

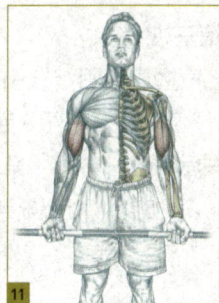

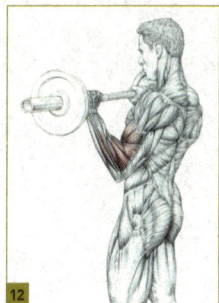

每周三次，锻炼背部肌肉

第一次

1 宽握正手固定杠引体向上（第70页）

5到6组，每组8到12个。

2 中位，弯举（第96页）

4到5组，每组8到12个。

第二次

3 宽握正手固定杠引体向上（第70页）

4到5组，每组8到12个。

4 正手位，正握弯举（第98页）

5到6组，每组8到12个。

第三次

5 宽握正手固定杠引体向上（第70页）

5到6组，每组8到12个。

6 反手位，弯举（第90页）

4到5组，每组8到12个。

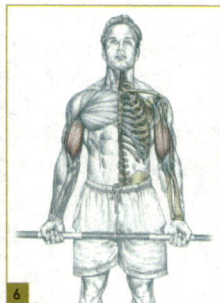

每周三次，锻炼手臂肌肉

第一次

1 窄握反手固定杠引体向上（第62页）

5到6组，每组8到12个。

2 反手位，弯举（第90页）

4到5组，每组8到12个。

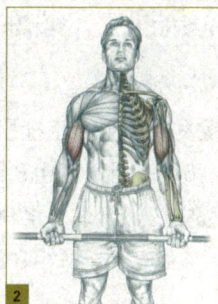

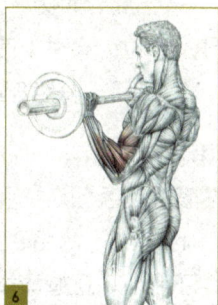

第二次

3 窄握反手固定杠引体向上（第62页）

4到5组，每组8到12个。

4 中位，弯举（第96页）

5到6组，每组8到12个。

第三次

5 窄握反手固定杠引体向上（第62页）

5到6组，每组8到12个。

6 正手位，正握弯举（第98页）

4到5组，每组8到12个。

每周四次，锻炼背部肌肉

第一次

1 宽握正手固定杠引体向上（第70页）

　5到6组，每组8到12个。

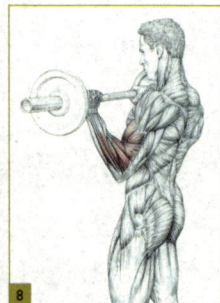

2 中位，弯举（第96页）

　4到5组，每组8到12个。

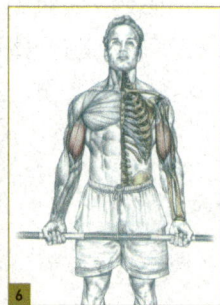

第二次

3 窄握反手固定杠引体向上（第62页）

　4到5组，每组8到12个。

4 正手位，正握弯举（第98页）

　5到6组，每组8到12个。

第三次

5 宽握正手固定杠引体向上（第70页）

　5到6组，每组8到12个。

6 反手位，弯举（第90页）

　4到5组，每组8到12个。

第四次

7 宽握正手固定杠引体向上（第70页）

　4到5组，每组8到12个。

8 正手位，正握弯举（第98页）

　5到6组，每组8到12个。

每周四次，锻炼手臂肌肉

第一次

1 窄握反手固定杠引体向上（第62页）

5到6组，每组8到12个。

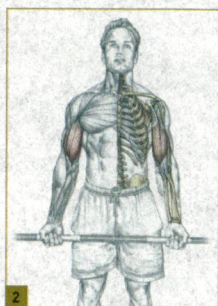

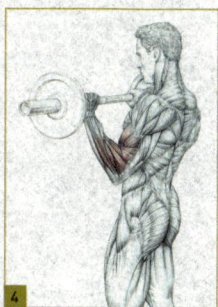

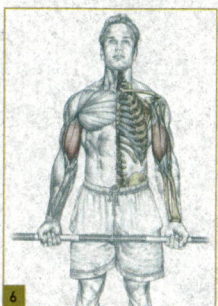

2 反手位，弯举（第90页）

4到5组，每组8到12个。

第二次

3 窄握反手固定杠引体向上（第62页）

4到5组，每组8到12个。

4 正手位，正握弯举（第98页）

5到6组，每组8到12个。

第三次

5 窄握正手固定杠引体向上（第68页）

5到6组，每组8到12个。

6 反手位，弯举（第90页）

4到5组，每组8到12个。

第四次

7 窄握反手固定杠引体向上（第62页）

4到5组，每组8到12个。

8 中位，弯举（第96页）

5到6组，每组8到12个。

练习索引

图书在版编目（CIP）数据

德拉威尔引体向上训练全书：全彩图解版／（法）
弗雷德里克·德拉威尔，（法）迈克尔·甘地著；申华明
译. -- 北京：人民邮电出版社，2018.7
ISBN 978-7-115-48318-8

Ⅰ.①德… Ⅱ.①弗… ②迈… ③申… Ⅲ.①运动训
练—图解 Ⅳ.①G808.1-64

中国版本图书馆CIP数据核字(2018)第082314号

版权声明

免责声明

作者和出版商都已尽可能确保本书技术上的准确性以及合理性，并特别声明，不会承担由于使用本出版物中的材料而遭受的任何损伤所直接或间接产生的与个人或团体相关的一切责任、损失或风险。

内 容 提 要

　　本书是在全球销量超过 200 万册的法国知名健身畅销书作者弗雷德里克·德拉威尔的作品。本书详细讲解了引体向上的解剖学知识、训练技巧、训练计划的制订以及损伤预防的知识，提供了由易到难不同难度水平的引体向上基本训练动作和变型练习，以及适合初学者、中等练习者和高水平练习者的引体向上训练计划。

　　本书的每一个动作都提供了超详细的分步骤图解，并配有彩色肌肉解剖图，帮助读者学习动作要领，清晰地了解每一个动作的解剖学原理。此外，书中对训练中容易遇到的危险事项进行了提示，并提供了多个变型练习以供选择，帮助读者安全进行训练，避免运动损伤。

　　无论您是想要强化背部肌肉、练成令人钦羡的"倒三角"身材，还是为了增强体质、在引体向上的测试中取得优异成绩，或是成为引体向上达人参加比赛，本书都是一本值得拥有的训练指南。

◆ 著　　　　[法]弗雷德里克·德拉威尔（Frédéric Delavier）
　　　　　　迈克尔·甘地（Michael Gundill）

　　译　　　　申华明
　　责任编辑　裴 倩
　　责任印制　周昇亮

◆ 人民邮电出版社出版发行　　北京市丰台区成寿寺路 11 号
　　邮编 100164　电子邮件 315@ptpress.com.cn
　　网址 http://www.ptpress.com.cn
　　北京虎彩文化传播有限公司印刷

◆ 开本：700×1000　1/16
　　印张：9　　　　　　　　2018 年 7 月第 1 版
　　字数：181 千字　　　　 2025 年 4 月北京第16次印刷
　　著作权合同登记号　图字：01-2017-8332 号

定价：49.80 元
读者服务热线：(010)81055296　印装质量热线：(010)81055316
反盗版热线：(010)81055315